노출·설명·반복으로
잡는 스피치

노출·설명·반복으로 잡는 스피치

발행일	2017년 2월 22일			
지은이	김 기 태			
펴낸이	손 형 국			
펴낸곳	(주)북랩			
편집인	선일영	편집	이종무, 권유선, 송재병, 최예은	
디자인	이현수, 이정아, 김민하, 한수희	제작	박기성, 황동현, 구성우	
마케팅	김회란, 박진관			
출판등록	2004. 12. 1(제2012-000051호)			
주소	서울시 금천구 가산디지털 1로 168, 우림라이온스밸리 B동 B113, 114호			
홈페이지	www.book.co.kr			
전화번호	(02)2026-5777	팩스	(02)2026-5747	
ISBN	979-11-5987-435-2 03320 (종이책)	979-11-5987-436-9 05320 (전자책)		

이 도서의 국립중앙도서관 출판예정도서목록(CIP)은 서지정보유통지원시스템 홈페이지(http://seoji.nl.go.kr)와 국가자료공동목록시스템(http://www.nl.go.kr/kolisnet)에서 이용하실 수 있습니다.
(CIP제어번호: CIP2017004262)

(주)북랩 성공출판의 파트너

북랩 홈페이지와 패밀리 사이트에서 다양한 출판 솔루션을 만나 보세요!

홈페이지 book.co.kr	1인출판 플랫폼 해피소드 happisode.com
블로그 blog.naver.com/essaybook	원고모집 book@book.co.kr

김기태 지음

무대 공포증 없이 말이 술술 나오는 3가지 스피치 전략

노출·설명·반복으로
잡는 스피치

북랩 book Lab

스피치는 당신의 역량을 더욱 빛나게 할 수 있다

"사람들 앞에 서기만 하면 아무 생각도 나지 않습니다."
"마이크를 잡을 일이 종종 있는데 말을 너무 못합니다."
"직원들 앞에서 효과적으로 말을 하고 싶은데 저는 그렇지 못합니다."
"면접 교육을 받으면 효과가 있나요?"
"자신감이 없는데 스피치 교육을 받으면 도움이 되겠죠?"
"우리 아이가 말을 못합니다. 그래서 스피치를 가르쳐 보려고 합니다."
"발음이 좋지 않아 어눌하게 비치는 것 같아서 고민입니다."

스피치교육 문의를 하면서 많은 사람들이 하는 말이다. 분명한 것은 교육을 받고자 하는 사람들은 스피치의 중요성을 느끼고 있다는 것이다.

'한 번의 만남이 많은 것을 좌우할 수 있다.'

중요한 프레젠테이션을 앞두고 있는 사람은 자신이 표현하고자 하는 내용에 대해서 사람들에게 설명하고 설득할 수 있을 때 원하는 결과를 만들 수 있다. 면접을 앞두고 있는 구직자라면 면접관에게 자신이 가지고 있는 기술, 경력, 지식, 경험 등을 효과적으로 표현하고 설득해야 한다. 주어진 한 번의 기회에서 원하는 결과를 만들어 내야 한다. 그래서 스피치가 중요한 것이다.

100m 달리기 시합에서 어렵지 않게 볼 수 있는 모습이 있다. 출발 총성과 함께 열심히 달린 선수들이 결승선을 통과하는 순간 누가 1등을 했는지 육안으로 쉽게 구별되지 않는 경우이다. 이런 경우 사진 판독을 통해 순위를 결정하게 된다. 이때 간발의 차이로 2등이나 3등으로 순위가 결정된 선수들이 실력이 부족해서 1등을 못 했다고 쉽게 말할 수 없을 것이다. 마지막 결승선을 통과하는 순간의 집중력과 순발력이 부족해서 1등을 못 했을 수도 있기 때문이다. 하지만 1등과 2등에 대한 세상의 예우는 분명히 다르다. 예전에 한 개그맨의 유행어 '1등만 기억하는 더러운 세상!'이라는 말처럼 아쉽게 1등을 하지 못한 선수들은 패배했다는 마음에 아쉬운 눈물을 흘릴 수밖에 없다.

스피치 역량이 이런 모습과 비슷하다. 결승선을 향해 달려오는 선수들처럼 자신의 콘텐츠를 설명하고 설득해야 하는 결정적인 순간에 지나치게 긴장해서 집중하지 못하고, 최선을 다해 준비했던 것들을 제대로 표현하지 못한다면 자신의 능력을 제대로 인정받을 수 없을 것이다. 기획안을 잘 만들었는데 프레젠테이션을 할 자신이 없어 다른 사람에게 기회를 넘기고, 취업을 위해 최선을 다해 준비했는데 면접관 앞에서 말 한마디 제대로 하지 못해 선택받지 못한다면 아마도 오랫동안 후회와 아쉬움만 간직하게 될 것이다. 안타깝게도 이런 모습은 우리 주변에서 쉽게 볼 수 있다. 한 번의 만남이 많은 것을 좌우할 수도 있는 상황이라면 스피치는 더욱 중요하다. 그래서 면접, 프레젠테이션, 토론, 회의에서 스피치를 잘하면 당신의 역량은 더욱 빛날 수 있다.

스피치를 잘하기 위해서는 평소 적극적으로 도전하는 모습이 가장 중요하다. 물론 스피치를 구성하는 음성, 콘텐츠, 비언어 표현 요소를 체계적으로 배우는 것도 중요하지만 무엇보다 행동을 통해 자신을 바꾸려는 노력이 필요하다. 평소 스피치 상황에서 피하지 않고 적극적으로 도전한다면 분명 더 좋은 스피치를 할 수 있다.

"누가 먼저 발표하시겠습니까?"

이 소리를 듣는 순간 대부분 고개를 숙이고 앞을 보지 않는다. 운에 맡기고 발표를 면할 수 있기를 기대하고 있다. 이런 순간마다 적극적으로 도전해야 스피치 역량이 좋아진다는 것을 알고 있지만 언제나 숨고 피하려고만 한다. 알고 있는 것을 실천할 때 변화를 만들 수 있다.

"어떻게 하면 다른 사람들 앞에서 말을 잘할 수 있습니까?"

강의가 끝나고 이런 질문을 받을 때가 있다. 질문을 받으면 스피치를 운전과 비유해서 설명하기도 한다. 운전을 처음 배우는 사람에게 몇 가지 방법과 조언을 해 준다고 그 사람이 바로 운전을 능숙하게 할 수 있을까? 쉬운 일은 아니다. 운전 학원에 다니거나 경험이 많은 사람에게 체계적으로 배우고 적극적인 마인드를 가지고 조금씩 다양한 도로 환경에 대한 경험을 쌓아야 된다. 면허증을 취득한 사람은 운전을 할 수 있다고 인정받은 것이다. 하지만 학원의 주행 환경과 실제 도로 환경이 많이 다르기 때문에 면허증을 취득한 후에도 쉽게 운전을 하지 못하는 사람들이 많다. 운전을 잘하고 싶다면 계속 도전해야 하고 포기하면 안 된다.

스피치도 잘하고 싶다면 체계적인 배움과 포기하지 않고 계속 도전하는 모습이 필요하다.

스피치는 해 보지 않아 어렵게 생각되는 것이다

혹시 스피치는 어려운 것이라고 생각하는가? 이런 생각은 이제 버리길 바란다. 스피치가 어렵다고 느껴지는 것은 자주 해 보지 않았기 때문이다. 친구와 대화를 어렵게 느끼는가? 그렇지 않다. 왜 그럴까? 많이 해 봤기 때문이다. 그래서 익숙하고 편안하게 느끼는 것이다. 하지만 스피치는 다르게 생각한다. 항상 어려운 일이고 어느 정도 타고난 사람만이 잘할 수 있는 것이라고 생각한다. 그래서 스스로 정말 어쩔 수 없는 것이라고 생각하고 언제나 적당히 피하려고만 한다. 스피치를 잘하고 싶다면 포기하지 말고 계속 도전해야 한다. 지속적인 도전이 스피치 상황을 익숙하고 편안하게 만들어 준다. 도전할 준비가 됐다면 이 책은 당신의 스피치 역량 계발에 분명 큰 힘이 될 수 있을 것이다. 기억하자! 스피치는 결코 어려운 것이 아니다. 해 보지 않아 어렵게 느끼는 것이다.

김기태

CONTENTS

제2장 | 스피치의 세 가지 구성 요인

제3장 | 스피치! 무엇을 고민해야 할까?

제4장 | 스스로를 더욱 빛나게 하는 설득 스피치

제5장 | 경쟁력 향상을 위한 스피치 스킬

제1장

스피치는 무엇인가?

스피치에 대한 잘못된 생각 & 스피치가 어려운 이유

자신을 빛나게 하는 스피치 & 변화를 위한 노력

스피치는 표현하는 것이다

　강의 중에 "스피치는 무엇입니까?"라고 물어보면 "말하는 거요!"라는 대답을 가장 많이 들을 수 있다. 물론 틀린 말은 아니다. 사전을 찾아보면 '말하는 능력, 말하기, 연설' 등의 뜻을 가지고 있기 때문이다. 또 이렇게 물어본다. "그러면 스피치는 무엇을 말하는 것인가요?" 이 질문에 사람들은 '자신의 생각, 느낌' 정도로 대답한다. 생각, 느낌 정도만 말하는 것일까? 아니다. 스피치는 자신이 가지고 있는 지식, 경험, 정보, 스킬 등 다양한 내용을 말하는 것이다. 이런 것들을 무엇이라고 말할 수 있는가? 한마디로 콘텐츠라고 할 수 있다. 스피치는 자신이 가지고 있는 콘텐츠를 표현하는 것이다.

> **【스피치의 개념】**
>
> 자신의 콘텐츠를 언어와 비언어로 표현해서 설명하고 설득하는 것

　콘텐츠에 대한 설명을 한 후에 "자신이 가지고 있는 콘텐츠는 표현하는 것이 스피치입니다. 우리는 콘텐츠를 무엇으로 표현합니까?"라고 물어보면 대답은 원점으로 돌아온다. 대다수의 사람들이 "말로 표현합니다."라고 대답하기 때문이다. 정말 그럴까?

　부모가 아이의 위험한 행동을 보고 이렇게 말한다.

"이런 행동은 위험한 거야! 앞으로 하지 않았으면 좋겠다. 알았지?"

"네, 알겠습니다. 앞으로는 조심하겠습니다."

"그래 나가 봐!"

대화를 마치고 아이가 방을 나서는데 그 순간 바람의 영향으로 '쾅' 하는 소리와 함께 방문이 닫혔다면 부모는 어떻게 반응할까? '잘 나가는구나!'라고 생각할 수 있을까? 아마도 다시 불러놓고 다소 흥분한 목소리로 물어볼 것이다.

"너 할 거야? 안 할 거야?"

그러면 아이는 부모에게 진정성 있는 모습으로 자신의 마음을 다시 표현할 것이다.

"안 한다고 말했잖아요!"

"그럼 왜 방문을 그렇게 닫고 나가!"

"좀 전에는 문을 닫는데 바람이 불어서 그랬어요."

"그래! 아무튼 앞으로는 절대 하지 마! 나가 봐!"

"네."

이번에 아이는 어떤 행동을 보일까? 아마도 문고리를 꼭 잡고 문이 완전히 닫힐 때까지 조심해서 문을 닫고 나갈 것이다. 그렇지 않으면 더 크게 혼날 것이라 생각하기 때문이다. 처음부터 아이는 '안 하겠다'라고 정확하게 말했지만 부모는 문이 '쾅' 하고 닫히는 모습을 보고 아이가 대답과는 다른 행동을 할 것이라고 판단한 것이다. 부모는 아이의 비언어적인 모습을 때문에 아이의 말을 신뢰할 수 없었던 것이다.

스피치는 단순히 말하는 것이 아니라 언어와 비언어를 통해 표현하는 것이다

많은 사람들은 '스피치를 잘하는 것은 말을 잘하는 것이고, 말을 잘하는 사람이 스피치를 잘하는 사람이다.'라는 생각을 갖고 있다. 하지만 단순히 말을 잘하는 것과 스피치를 잘하는 것은 조금 다르다. 왜냐하면 스피치는 설명과 설득의 목적을 가지고 자신의 콘텐츠(생각, 느낌, 정보, 지식, 아이디어 등)를 표현하는 것이기 때문이다. 이때 정확한 전달을 위해 언어(말)를 사용하고 언어로 표현한 것을 보완하고 상대에게 신뢰를 주기 위해서 비언어적 표현(제스처, 시선, 움직임, 자세, 표정, 행동 등)을 함께 사용한다. 청중은 귀로 듣고 눈으로 지켜본다. 언어로 표현하는 내용과 비언어적 표현이 자연스럽게 어울릴 때 콘텐츠를 효과적으로 표현할 수 있는 것이다.

예를 들어 "저는 겸손하고 긍정적인 사람입니다."라고 말할 경우 말하는 사람이 거만한 모습으로 팔짱을 끼고 말한다면 '겸손하고 긍정적'이라는 말에 대해 쉽게 신뢰할 수 없을 것이다. 언어로 표현한 내용에 대해서 비언어적 표현이 신뢰를 주지 못하기 때문이다. 그런 이유로 스피치는 언어와 비언어로 '표현하는 것'이다.

스피치의 목적은 무엇인가? 자신이 가지고 있는 콘텐츠를 언어와 비언어로 표현해서 청중에게 설명하고, 설득하는 것이다. 고객과의 만남, 면접, 프레젠테이션에서 스피치를 잘하면 자신이 원하는 결과를 보다 쉽게 얻을 수 있고, 비슷한 역량을 가지고 있어도 스피치 표현 스킬에 따라 다른 결과를 만들 수도 있는 것이다. 그래서 스피치를 잘하면 당신의 역량은 더욱 빛날 수 있다.

스피치에 대한 잘못된 생각

먼저 스피치를 잘하는 사람은 타고났다고 생각하는가? 그렇다면 스피치 역량 계발을 위해 가장 먼저 그 생각부터 버려야 한다. 스피치는 노력하면 누구나 잘할 수 있는 것이다. 무엇보다 나 자신이 이것을 경험하고 있다.

"제가 무대 공포증이 엄청 심합니다."

강의 중에 이런 고백을 하면 대부분 믿지 않는 것 같다. '무대 공포증이 있는 사람이 어떻게 10년 이상 강의를 할 수 있을까?'라고 생각하는 것 같다. 하지만 그 고백은 사실이다. 지금도 강의를 앞두고 긴장할 때가 많지만 많은 경험을 통해 긴장한 모습을 감출 수 있는 약간의 스킬을 가지고 있고 긴장은 지속되는 것이 아니고 시작할 때 잠시 나타나는 증상이라는 사실을 알고 있을 뿐이다.

대학교 4학년 학과 행사에서 학생 대표로 인사말을 해야 했었다. 당시 너무 긴장해서 소주 반병을 마시고 올라갔던 경험도 있다. 그리고 대학교 수업 중 발표를 해야 하는 날에는 어떻게든 참석하지 않으려 했다. 떨면서 망신당하는 것보다 낮은 학점을 받는 게 낫다고 생각했었다. 한번은 친한 친구가 개강 파티 사회를 보면서 갑자기 첫 무대로 나에게 노래를 시켰던 적이 있었다. 김정민의 '마지막 사랑'을 거침없이 부르기 시작했지만 너무 긴장해서 끝 음이 떨리고 불안한 음정만 보이며 노래를 마쳤었다. 너무 창피해서 도망가고 싶었고 사회자 친구를 원망하며 술을 엄청 마셨던 기억도 있다. 당시에는 남들 앞에서 노래나 발표를 잘하는 사람은 타고나야 한다는 생각을 가지고 있었다. 이렇게 긴장하고 창피했던 학창 시절의 기억이 많지만 지금은 스피치란 타고나는 것보다 자주 해 보면 누구나 잘할 수 있는 것이라 믿고 있다. 스피치를 잘하는 사람은 타고나는 것이 아니다. 노력하고 도전하면 누구나 잘할 수 있는 것이다.

두 번째, 스피치는 외우는 것이 최선이라고 생각하는가? 그렇지 않다. 외운 스피치는 어떤 모습일까? 기계처럼 단조로운 음성으로 표현하고 외운 것을 떠올리려고 시선은 천장만 바라보게 된다. 같은 의미의 다른 어휘나 단어는 생각조차 하지 않고 오로지 준비한 원고를 똑같이 말하려 한다. 이것은 우리가 흔히 볼 수 있는 일반적인 스피치의 모습이다. 청중에 대한 배려 없이 외운 대로만 하려는 스피치는 좋은 스피치가 아니다. 예를 들어 면접관의 눈을 보지 않고 예상하고 준비했던 말만 하는 구직자를 면접관은 어떻게 평가할까? 점원이 소비자의 눈을 보지 않고 매뉴얼을 외운 그대로 제품을 설명하고 설득하려한다면 소비자는 구매 결정을 쉽게 할 수 있을까?

스피치는 결코 외워서 준비하는 것이 아니다. 반드시 자신이 확실하게 이해하고 있는 내용을 가지고 당당하게 상대의 눈을 보면서 표현해야 한다. 결코 외운 것을 말하는 것이 아니다. 스스로 '왜 이 자리에서 있고 무엇을 말해야 하는가'에 집중해야 한다. 그래서 문장을 전부 외우려 하지 말고 말하고자 하는 내용을 이해하고 키워드 중심으로 풀어내는 것이 중요한 것이다. 강의 중에는 자신이 표현하고자 하는 콘텐츠를 노출하고 노출한 콘텐츠를 사례나 비교, 비유 등을 통해 설명하고 중요 키워드를 반복, 강조하는 '노설반 스피치'를 강조한다.

스피치는 어려운 것이라고 생각하는가? 물론 그렇게 생각할 수도 있다. 하지만 처음만 어려운 것이다. 처음에는 긴장하는 모습, 음성, 내용 구성, 자세 등 많은 것을 준비해야 잘할 수 있는 것으로 생각하지만 계속 도전하고 노력한다면 어느 순간 스피치는 분명 '어려운 것이 아니다'라고 생각하게 된다. 친구와 일상적 대화를 할 때 긴장하며 무엇을 어떻게 표현할지에 대해 고민하지 않는 것처럼 스피치도 그렇게 표현할 수 있다. 대화는 그동안 많이 해왔지만 스피치는 그만큼 많이 해 보지 않았기 때문이다. 소개팅 자리에서 정말 마음에 드는 이성이 자신의 앞에 앉아 있다고 생각해 보자. 대부분 조심스럽게 말을 하고 상대가 좋아할 수 있는 표현을 하려고 부단히 노력한다. 때론 외모만으로도 상대에게 호감을 주고 좋은 만남을 이어갈 수 있지만 대부분 대화를 잘 이끌지 못하면 만남은 여기서 끝날 수도 있다. 마음에 드는 이성 앞에서 편하게 이야기할 수 있는 사람은 어떤 사람일까? 아마도 이성과의 대화를 많이 해본 사람일 것이다. 스피치도 마찬가지다. 어려운 것이 아니라 많이 해 보지 않아서 어렵게 느끼는 것이다.

독수리는 나무나 땅에 앉아 있다가 하늘을 날기 위해 수십 번의 힘찬 날갯짓을 하며 하늘로 날아 올라간다. 그리고 정작 하늘을 날고 있을 때는 처음처럼 열심히 날갯짓을 하지 않아도 유유히 하늘을 날 수 있다. 스피치가 바로 이런 모습이 있다. 처음에는 어렵게 느껴지고 배워야 할 것이 많다고 생각되겠지만 도전하고 노력한다면 결코 어려운 것이 아니다.

우리의 환경이 스피치를 두렵게 했다

헝가리 여대생 레기나가 아카데미에 왔었다. 일본 유학 시절 만난 남자 친구를 보기 위해 한국에 왔다가 남자 친구가 스피치 교육을 받고 있어서 따라온 것이다. 우리말에 관심이 많은 레기나는 수업 중 발음 연습을 할 때 특히 많은 관심을 보였다. 수업이 끝나고 남자 친구의 통역으로 대화를 나누던 중 레기나가 내게 이런 질문을 했다.

"이런 교육을 왜 하나요?"

가끔 상담에서 스피치 학원에 다니지 않아도 스스로 충분히 스피치 역량을 계발할 수 있다고 조언할 때도 있지만, 레기나의 질문에 조금은 당황스러웠다. 레기나는 "헝가리에서는 학교에서 충분히 하고 있기 때문에 사람들 앞에서 말하는 것이 어렵지 않아요."라고 했다. 레기나의 말을 듣고 우리가 스피치를 어렵게 생각하는 이유를 생각해 봤다.

대부분 스피치에 대한 불안감은 학창 시절부터 시작된다. 예를 들어 "자, 오늘이 며칠이지? 그럼 ○번 한번 읽어봐!" 그러다 중간에 "그만, 다음은 그 뒤! 그 옆! 읽어봐!"

선생님의 말씀에 순간 교실은 조용해지고 모두가 자신이 호명되지 않기를 간절히 기도했었다. 중간에 긴장해서 책을 잘 읽지 못하거나 엉뚱한 발음으로 낭독을 했던 친구의 모습에 우리는 어떻게 반응했는가? '누구나 그래!'하며 격려하기보다 키득키득 웃었었다. 그러다 갑자기 선생님이 자신을 지목할 때의 느낌을 기억하는가? 세상의 모든 신경이 온통 자신에게만 집중되는 것 같아 심장은 터질 것 같았고 긴장감에 호흡이 짧아지고 말끝은 흐려지면서 평소 쉽게 읽을 수 있었던 영어 단어와 심지어 한글까지도 더듬더듬 읽었었다. 그런 자신의 모습도 싫은데 옆에 있던 친구들이 "쟨 또 왜 그래!"하며 웃었던 기억 때문에 트라우마를 갖고 있는 사람도 있을 것이다. 그때부터 수업시간에는 선생님과 눈을 마주치지 않고 고개를 푹 숙이고 있었다. 스피치는 정말 어려운 것이었다.

부모님들은 자녀에게 항상 이런 주문을 한다. "학교에서 선생님이 질문하면 손 번쩍 들고 자신 있게 대답해야 한다." 하지만 대다수의 부모님들은 학창 시절 그렇게 하지 못했었고 지금도 그럴 자신이 없을 것이다. 단지 그런 모습이 자녀에게 도움이 된다는 생각에 강조하고 강요하는 것이다. 어느 날 학교를 마치고 아이가 집에 와서 이렇게 말한다면 어떻게 반응할까?

"엄마! 선생님이 부모님의 직업에 대해 설명하는 시간을 갖는다고 하셨는데 '누가 부모님을 모시고 올래?'라고 하셔서 제가 제일 먼저 손을 들었어요! 다음 주에 학교에 오셔서 친구들에게 엄마의 직업에 대해 말씀해주시면 돼요!"

만약 아이가 부모에게 이렇게 말했다면 대부분 어떤 대답을 할 수 있을까?

"잘했어! 엄마가 친구들 앞에서 멋지게 엄마의 직업을 설명해 줄게!"라고 말할 수 있을까? 아마도 "왜 그런 걸 네 마음대로 정해!"라고 말하거나 대부분 이런저런 핑계를 늘어놓고 '안 된다.'라고 답할 것이다. 학교에 가면 손 번쩍 들고 대답도 씩씩하게 하라고 말씀하신 부모님은 발표할 일이 있으면 갖은 핑계와 함께 거절하려 한다. 그런 모습을 보면서 '역시 스피치는 어려운 것이다.'라는 생각만 커진다.

유교적 문화가 스피치를 어렵게 했다

"어디서 눈을! 이런 버르장머리 없는 놈을 봤나!"

"어디서 어린놈이 말대답이야!"

스피치가 어려운 이유는 과거 우리의 문화와 환경에서 이유를 찾을 수도 있다. 어린 시절 어른의 눈을 똑바로 바라보면서 말하다 혼났던 경험이 있다. 눈을 똑바로 보면서 말해도 되는 경우는 거짓말이 아니라는 표현을 할 때뿐이다. 그리고 우리 사회는 겸손을 최고의 미덕으로 생각하고 말을 아꼈다. 말을 유창하게 잘하는 사람은 '조심해야 할 사람' 정도로 생각하고 좋지 않은 시선으로 바라보기도 했었다.

스피치는 상대를 바라보면서 자신의 콘텐츠를 당당하고 명확하게 표현하는 것이 중요하다. 하지만 우리의 과거 환경은 이런 모습을 어렵게 만들었다. 눈을 보고 이야기하는 것은 자신에 대한 도전의 의미로 받아들였고, 일시적으로 진실과 억울함을 표현해야 할 때만 허용되는 것이었다. 또한 어른이 말할 기회를 주지 않으면 입을 다물고 있어야 했다. 자연스럽게 스피치 상황에서 청중의 눈을 마주치고 당당하게 말하는 것이 어렵고 어색해졌다.

그래서 두렵게 느끼고 감추려고 한다

긴장해서 제대로 말하지 못했던 과거 모습 때문에 가능하면 스피치 상황에서는 숨으려고만 한다. 10여 년 전, 서울의 리더십교육센터에서 교육을 받을 때의 일이다. 같이 교육을 받던 50대 여성 한 분이 긴장된 표정과 떨리는 목소리로 발표를 시작했다. 젊었을 때는 울산의 한 기업에서 잘 나가는 직장인이었다고 자신을 소개하며 당시 발표 울렁증이 심해서 주말이면 비행기를 타고 서울로 올라와 상담과 교육을 받았다고 했다.

한번은 회사에 기획서를 제출했는데 사장님이 좋은 아이디어라면서 임원들 앞에서 발표를 요청했다고 한다. 발표를 하루 앞두고 너무 떨리고 두려워서 사표를 제출하고 지금은 충북 영동으로 귀농해 살고 있다고 한다. 당시 어떻게든 발표를 하고 회사에 다녔다면 지금쯤 회사의 임원이 되어 멋진 삶을 살 수 있었을 거라면서 남들 앞에서 떨지 않고 말을 잘하는 것이 평생소원이라고 말했다.

울먹이면서 자신의 경험을 이야기하는 모습이 너무 감동적이었다. 그런데 중요한 것은 그분은 스스로 자신이 발표를 못한다고 생각하는 것이다. 스피치를 누구처럼 해야 한다는 것은 없다. 중요한 것은 자신이 이야기하고자 하는 내용에 대해 청중이 충분히 공감하고 경청하면 되는 것이다.

모임에서는 종종 돌아가면서 자기소개를 하거나 가볍게 인사를 나누는 시간이 있다. 이때 꼭 핸드폰을 들고 밖으로 나가는 사람들이 있다. 이런 사람들은 대부분 발표 불안 때문에 기둥이나 문 뒤에 숨어 있다가 자기소개가 다 끝나고 다음 순서로 넘어가면 슬그머니 자신의 자리로 돌아온다. 그냥 해 보고 못하면 다음에 보완해서 잘하면 되는데, 숨고 감추려고만 한다. 이런 모습을 보면 안타깝다. 감추려 하지 않고 적극적으로 도전할 때 스피치 역량은 좋아질 수 있다.

떨지만 않으면 잘할 수 있다?

"준비를 한다고 했는데 막상 앞에 서서 말하려니까 아무 생각도 나지 않습니다."

스피치를 배우려는 사람들이 가장 많이 하는 말이다. 그러면 이렇게 물어본다. "어떻게 하면 준비한 것을 제대로 표현할 수 있을까요?" 가장 많이 들을 수 있는 대답은 '긴장만 하지 않으면 잘할 수 있다.'는 것이다.

남들 앞에 서면 성인 남녀의 90% 이상은 긴장하고 떨린다고 한다. 다수가 발표 불안을 가지고 있는 것이다. 우리는 법을 어기지 않는 범위에서 다수가 행동하는 모습을 대체로 정상적인 모습으로 생각한다. 그래서 자신의 떨리는 모습을 비정상이라고 생각한다. 떨리고 긴장되고 아무 생각이 나지 않는 것은 정상적인 모습이라고 생각하기 때문이다. 먼저 자신의 행동이 정상적인 모습이라고 생각해야 한다.

우리가 긴장하고 떨리는 이유는 무엇일까? 아무래도 결과의 중요성을 너무 많이 의식하기 때문이다. '잘해야 한다.'는 생각이 긴장을 부추긴다.

월드컵이나 올림픽 축구 경기에서 페널티킥을 차는 선수들은 대부분 팀의 간판선수들이다. 오랜 시간 축구를 해왔고 대부분 그 나라에서 킥이 가장 정확하다고 평가받는 선수일 것이다. 그런데 그렇게 축구를 잘하는 선수들이 월드컵이나 올림픽 경기의 페널티킥 찬스에서 어이없게 실축하는 모습을 종종 볼 수 있다. 골을 성공시킬 확률도 매우 높은 상황이고 평소 같으면 아마도 눈을 감고 차도 대부분 골로 연결할 수 있는 실력을 갖고 있을 텐데 어이없게 실축을 할 때가 있다. 왜 그럴까? 이유는 결과의 중요성을 먼저 생각하다 보니 평소와 다른 모습을 갖게 되기 때문이다. '국민들이 지금 나를 지켜보고 있어! 반드시 골을 넣어야 해. 그래야 이길 수 있어. 못 넣으면 나 때문에 지는 거야!'

만약 골을 넣지 못한 선수가 다음에 또다시 중요한 경기에서 같은 상황을 맞이하면 어떨까? 용기를 가지고 지난번 기회를 만회하기 위해 또 도전할 수도 있고, 아니면 아픈 기억 때문에 두려움을 느끼고 다른 선수에게 기회를 양보할 수도 있다. 어떤 모습이 발전에 도움이 된다고 생각하는가? 스피치도 과거 중요한 발표에서 실수한 기억 때문에 지속적으로 영향을 받을 수 있다. 문제는 이런 경험 때문에 지속적으로 그런 상황을 피하고 숨기만 한다면 당신의 능력은 실제보다 낮은 평가를 받게 된다는 것이다. 부정적인 결과를 예상하고 그 결과의 두려움 때문에 자신의 능력을 죽이지 말고 당당하게 또 도전해야 한다. 그래야만 이겨낼 수 있는 것이다.

떨리고 불안한 마음을 극복하는 방법에는 어떤 것들이 있을까?

첫 번째, 자신이 이야기할 내용에 대한 충분한 이해가 있어야 한다. 하지만 스피치를 어렵게 생각하는 사람들은 대부분 이해보다는 암기를 선택한다. 스피치 상황에서는 외운 내용을 한 글자도 틀리지 않으려 하고 중간중간 암기한 내용이 생각나지 않아 말을 이어가지 못하는 모습이 많다. 그리고 발표를 마친 후 예상치 못한 질문을 받으면 당황하고 쉽게 대답하지 못한다. 스피치는 외워서 준비하는 것이 아니다. 콘텐츠에 대한 충분한 이해를 통해 전체 흐름을 머릿속으로 그리고 있을 때 긴장되는 순간에도 분명하고 명확하게 전달할 수 있는 것이다.

두 번째, 실전처럼 지속적으로 연습해야 한다. 취업을 준비하는 대학생들의 모의 면접이 좋은 예다. 모의 면접을 해본 사람과 그렇지 않은 사람이 실제 면접에서 원하는 성과를 만들어 낼 확률은 다르다. 아무래도 유사한 환경에서 충분히 훈련한 사람이 덜 긴장하고 좋은 결과를 만들어 낼 수 있다. 중요한 프레젠테이션을 앞둔 직장인들이 프레젠테이션 장소를 미리 확인하고 비슷한 환경에서 실전처럼 연습하는 모습도 볼 수 있다. 중요한 스피치를 앞두고 있다면 스스로 상황을 익숙하게 만들기 위한 충분한 연습이 필요하다.

세 번째, 스피치 상황에 몰입하고 자신감을 가져야 한다. 결과에 대한 부정적인 생각을 먼저 하게 되면 성공을 기대하기 어렵다. '할 수 있다. 해낼 수 있다.'는 생각으로 무엇을 어떻게 말할 것인지에 몰입해야 한다. 우리 몸은 생각한 대로 반응한다. 예를 들어 아주 신 레몬을 먹고 있다는 생각을 하면 자연스럽게 입에 침이 고인다. '긴장하면 안 되는데, 긴장해서 발표를 망치면 안 되는데'라는 생각에 집중하면 몸은 자연스럽게 긴장한 모습에 반응하기 마련이다. 부정적인 생각보다 '지금 이곳에 왜 서 있고, 무엇을 어떻게 말해야 하는가?'에 집중해야 한다. 끊임없이 할 수 있다는 생각에 주저하면 안 된다.

잘해야 한다는 생각과 스피치 불안

공기업 면접을 앞두고 스터디를 하던 두 명의 구직자가 찾아왔다. 면접 전형이 인성 면접과 프레젠테이션으로 진행되는데 두 사람 모두 프레젠테이션이 걱정이라고 했다. 예상되는 몇 가지 주제를 가지고 20분 동안 발표 내용을 정리하고 실전처럼 5분 프레젠테이션을 진행했다. 한 사람은 발성이 좋아서 성량이 크고 목소리의 힘이 느껴지지만 긴장한 탓에 발음이 곳곳에서 부정확하게 들렸다. 또 한 사람은 자세와 이미지는 좋지만 발음이 부정확하고 밋밋한 음성으로 전달력이 부족했다. 두 사람의 공통점은 '프레젠테이션을 잘해야만 자신이 원하는 결과를 얻을 수 있다'는 생각에 지나치게 긴장을 하고 발음이 자꾸 꼬이는 것이다. 그래서 이렇게 조언을 해주었다.

"중요한 순간에는 누구나 긴장합니다. 그리고 긴장하는 모습 때문에 나쁜 결과가 나오는 것은 아닙니다. 긴장해서 자신의 생각을 제대로 전달하지 못하기 때문입니다. 긴장해도 분명하게 자신의 생각을 전달해야 합니다. 긴장하는 것은 당연한 모습입니다. 스스로 지금 이 자리에 왜 서 있고 무엇을 말하려고 했는지에 집중해야 합니다. 그리고 상대의 눈을 보면서 그것을 말해야 합니다. 면접관은 지난 20여 년을 살아온 두 사람의 인생을 단지 몇 분 만에 판단하고 결정하기 때문에 더 집중하고 자신감 있는 모습도 보여주어야 합니다. 그래야 억울하지 않을 것입니다."

'나만 긴장된다.' 생각하지 말고 '누구나 긴장한다.'라고 생각하고 내용에 대한 충분한 이해와 연습을 통해 자신감을 가져야 한다.

소치올림픽에 출전한 '피겨의 여왕' 김연아 선수의 인터뷰 기사 중 이런 내용이 있었다. 쇼트프로그램을 마치고 "긴장을 너무 많이 했다. 하지만 지금까지 준비한 대로 경기에 집중하려 했고 최선을 다했다." 세계 최고의 선수였고 앞으로도 이런 선수가 없을 거라는 평가를 받는 김연아 선수도 긴장을 한다. 떨리고 긴장하는 것에 집중하지 말고 스피치의 목적에 집중할 때 스피치 역량은 분명 좋아진다.

긍정적인 말을 많이 사용하자!

흔히 '말이 씨가 된다.'는 말을 많이 한다. 그래서 좋지 않은 말은 하지 말라고 말한다. 그 말을 풀어서 이렇게 말할 수 있다. '말이 입안에 있을 때는 내가 그 말을 다스리고 말이 입 밖에 있을 때는 그 말이 나를 다스린다.' 자신감을 가지고 긍정의 말을 더 많이 해야 한다. 말의 에너지가 당신을 변화시킬 수 있다.

'우리의 삶에서 가장 큰 실수는 할 수 있다는 생각에 지속적으로 두려움을 갖는 것이다.'라는 말이 있다. '할 수 있다.'는 생각에 주저하지 말고 더 많이 외쳐야 한다.

인디언 격언 중에도 이런 말이 있다. '자신이 원하는 것을 만 번 외치면 현실이 된다.' 우리는 긍정적인 말을 많이 하는 것이 좋다는 것을 알고 있지만 현실에서는 채 열 번도 하지 않는다. 처음부터 잘하는 사람은 없다. 긍정적인 언어를 자주 사용하고 스스로 자신감을 가져야 한다.

【스피치 연습 & 카메라 촬영】

- 주제: 키워드를 통한 자기소개!

- 주제: 되돌리고 싶은 스피치 상황은 언제인가?

남들 앞에서 발표하는 것이 너무 두려워 삶의 터전을 옮겨 살던 한 남자가 있었다. 그는 결국 산속의 절로 가서 살기로 했다. 그리고 나무와 밥, 빨래만 하면 되는 절이 너무 좋아 평생 이곳에서 살겠다고 다짐했다.

따뜻한 햇살이 비추던 봄날! 산에서 나무를 하고 내려오는 길에 절을 바라보다가 남자는 깜짝 놀란다. 굉장히 많은 사람들이 모여 있었고 그 많은 사람들 가운데 맨 앞에서 큰스님이 무언가 이야기하고 있는 모습을 본 것이다. 남자는 순간 '나도 언젠가는 스님처럼 저 많은 사람들 앞에서 말해야 하나? 여기도 살 곳이 못 되는구나!' 하며 걱정을 하게 되었다.

저녁 식사도 거르고 방 안에서 고민만 하던 남자는 갑자기 이런 생각을 하게 된다. '그래, 스님한테 물어보자! 스님은 분명 비법을 알고 계실 거야! 분명 내 걱정에 답을 주실 거야!'

그리고 그는 큰스님을 찾아가 그동안 살아오면서 가장 큰 고민이었던 남들 앞에서 말하는 것에 대한 두려움에 대해 이야기했다.

이야기를 들은 큰 스님은 이렇게 말한다.

"허허! 너에게 이런 고민이 있었구나! 그렇다면 내가 너에게 그 비법을 알려줄 테니 다른 사람에게 결코 알려주지 말고 오직 너만 알고 있어야 한다!" 하며 종이에 비법을 적어서 그에게 주었다. 살아오면서 가장 큰 걱정거리의 답을 받아 든 남자는 기쁜 마음에 연신 "고맙습니다." 인사를 하고 자신의 방으로 뛰어갔다. 그리고 큰스님이 주신 비법을 조심스럽게 펼쳐 보았다. 순간 남자의 입에는 커다란 미소가 그려졌다. 왜 그랬을까? 그 종이에는 이렇게 적혀 있었다.

"나도 떨려!"

자신감을 키우는 스피치

"평소 말을 잘 못합니다. 자신감 있게 말하지 못하고 쓸데없는 말만 늘어놓는 것 같습니다. 수업을 할 때는 학생들 앞이고, 뭐 자주 해왔기 때문에 큰 어려움은 없지만… 자신감이 많이 부족한 것 같습니다. 마지막이라 생각하고 찾아왔습니다."

10년 정도 학원에서 학생들을 가르치고 있는 수학 선생님이 찾아와 고민을 털어놓았다. 짧은 상담이었지만 선생님의 고충이 느껴졌다. 우선 10년 동안 수학 강의를 했다고 말하는 선생님의 시선은 대화를 나누는 동안 나의 눈을 거의 바라보지 못했고 음성도 작고 밋밋했다. '학생들과 수업할 때는 어떠실까?'라는 생각이 들었다. 아마도 이 수학 선생님은 수업보다 부모님과 상담할 때 더 큰 어려움이 있었을 것이다. 학원에 아이를 보내고 싶은 부모님은 눈을 마주치지 못하고 말하는 선생님을 보면서 어떤 생각을 했을까?

방학이면 언제나 영어와 수학 단과 학원을 다녔었다. 당시 학원에서는 인기 강사와 비인기 강사의 수강생 숫자가 극명하게 달랐다. 인기 강사의 수업은 수백 명의 수강생이 빈자리를 찾을 수 없을 정도로 많았고, 비인기 강사의 수업은 수강 신청자가 없어서 폐강이 되거나 열 명 내외의 수강생이 듣는 수업도 있었다. 개인적으로 느낀 인기 강사와 비인기 강사의 차이는 지금도 분명하게 기억한다. 수백 명의 수강생 앞에서 강의하는 인기 강사의 강의는 열정적이었다. 반면 비인기강사는 알아듣기 힘든 목소리로 조용하게 말해서 졸리기만 했었다.

평소 스피치 강의에서 전달력을 높이기 위한 사례로 수학 강사의 수업을 비교해서 보여 줄 때가 있다. 최고의 대학을 졸업하고 스펙도 화려한 수학 강사가 음의 변화가 없는 조용한 음성으로 매시간 수업을 진행한다면 다음 달 수강생은 늘어날까? 줄어들까? 반대로 스펙이 화려하지 않은 수학강사가 수업을 진행할 때 음성이 정신없이 빠르다가도 갑자기 중요한 포인트에서 쉼을 활용하면서 천천히 말하기도 하고, 어느 순간 다시 크게 말하다가 작은 음성으로 강조하는 음의 변화가 있다면 학생들의 집중력은 어떨까? 좋을까? 나쁠까? 그리고 다음 달 수강생은 늘어날까? 줄어들까?

자신감이 없어서 고민하는 분들은 대화를 할 때 상대의 눈을 똑바로 보지 못한다. 그리고 말꼬리가 흐려지면서 자신 없고 밋밋한 음성으로 말한다.

"자신감은 성공의 제1 법칙이다."라는 말이 있다. 하고 있는 일에 보다 좋은 결과를 갖고 싶은데 스스로 자신감이 없어 문제라고 생각한다면 먼저 상대의 눈을 보고 말하는 연습을 해야 한다.

고등학교 졸업식을 앞두고 재수를 결정한 학생이 아버지와 함께 찾아왔다. 아버지는 아들이 말을 잘 못하고 소극적이며 자신감이 부족하다고 생각한다.

"평소 말도 없고 뭘 물어도 대답도 안 하고 답답합니다. 스피치를 배우면 좋아지겠죠?"

"네! 좋아질 수 있습니다. 그런데 집에서는 말도 없고 조용하지만 학교나 밖에 나가면 반대로 굉장히 적극적인 아이들도 있습니다. 그리고 변화는 학생이 교육에 대한 열정이 있어야 크게 생길 수 있습니다."

아들은 아버지의 바람대로 교육을 시작했다. 스피치 교육의 특성상 매시간 발표를 하고 그 모습을 촬영한다. 그런데 발표할 때가 되면 이 학생에게 가장 먼저 나타나는 반응은 한숨 소리다. 그리고 마지못해 발표를 시작한다. 이렇게 의욕도 없고 소극적인 모습이 다른 교육생에게도 영향을 끼칠 수 있을 것 같아서 쉬는 시간 잠시 대화를 나눴다.

"왜 스피치를 배우려 하느냐? 아버지가 스피치 교육을 받으라고 해서 그냥 끌려온 거냐?" 질문에 눈도 마주치지 않고 학생은 대답했다. "네!"

교육보다 학생의 마음을 먼저 열어야겠다는 생각이 들었다. 그래서 학생과 똑같이 대학 진학을 포기하고 재수 학원에 다녔던 나의 경험과 당시 갖고 있었던 생각에 대해 이야기를 했다. 그러자 학생의 표정에서 조금씩 마음을 열고 있는 것을 느낄 수 있었다.

학생에게 다시 이렇게 물었다.

"지금 너는 스피치 교육이 필요 없다고 생각되지?"

학생은 살짝 웃는 표정으로 "네."라고 대답했다.

"무조건 지금 나에게 의미가 없다고 생각하지 말고 긍정적인 의미를 부여해 봐! 그리고 지금은 중요하지 않다고 생각할 수 있지만 나중에 대학에 진학하고 사회생활을 할 때는 지금 경험이 정말 좋았다고 느끼게 될 거야!"

그렇게 한참을 이야기하고 나서야 아버지가 이곳에 데려온 이유와 의미를 알겠다는 듯 연신 고개를 끄덕였다. 그 뒤로 가급적 강의 시간에는 학생의 성공적인 변화를 위해서 목표, 행동, 간절함, 미래의 모습

등의 발표 주제를 부여했었다. 그러자 조금씩 적극적인 행동을 보이더니 교육과정이 끝날 무렵에는 처음과 다른 열정이 느껴졌다. 그리고 간결하고 명확하게 메시지를 전달하려는 노력도 볼 수 있었다. 이 학생은 이런 소감을 남기고 교육을 마쳤다.

"처음 왔을 때는 그저 부모님 손에 이끌려 억지로 왔던, 말을 잘 못하는 학생이었습니다. 하지만 하루하루 수업을 들으며 저의 생각은 바뀌었고 끝마칠 무렵에서는 자신감 있게 제 생각을 전달할 수 있는 사람이 되었습니다. 스피치에 대한 것도 배웠지만 앞으로 살아가는 데 있어서 중요한 것, 그리고 성공적인 삶을 살기 위해서 필요한 것들도 배웠습니다. 이런 소중한 것들을 알려주셔서 정말 감사드립니다."

"스피치가 무엇이라고 생각합니까?"라고 물으면 대부분의 사람들은 긴장하지 않고 많은 사람들 앞에서 자신감 있게 말하는 것이라고 대답한다. 그리고 스피치 교육은 남들 앞에서 이야기할 일이 있는 사람들에게만 필요한 교육이라고 생각한다. 이것도 스피치에 대한 우리의 고정관념이다. 변화를 위해 시작하는 스피치 교육은 자신의 역량 계발과 내일의 성공을 위한 열정과 자신감을 갖게 한다.

스스로를 귀찮게 하라

대학 수업에서 '나에게는 이런 꿈이 있습니다'라는 주제를 가지고 발표 수업을 진행했었다. 학기 초부터 수업 시간마다 공지를 했고, 발표에 대한 평가를 성적에 반영한다고 공지했기 때문에 학생들이 열심히 준비할 것이라 생각했다. 간절하고 분명한 목표가 있을 때 자연스럽게 열정을 가질 수 있고, 무엇보다 자신의 꿈을 향해 열정적인 모습으로 대학 생활을 해나가길 바라는 마음에서 진행하는 프로그램이었다. 하고 싶은 직무나 간절히 원하는 직업이 있을 때 관련 정보를 찾아보게 되고 필요한 역량을 개발할 수 있기 때문이다. 이런 노력을 통해 대학 생활의 열정을 갖기 바랐다. 하지만 학생들의 발표를 보면서 많이 실망했었다. 물론 모든 학생의 발표에서 그런 느낌을 받은 것은 아니지만 전체적으로 정말 많이 아쉬웠다.

발표 시간만 잘 넘기면 된다는 생각을 갖고 있는 학생들이 많았고 준비한 원고를 무작정 읽어가며 누구와도 시선을 마주치지 않는 학생들, 약속된 발표 시간보다 턱없이 짧은 발표, 교탁 뒤에 숨어 PPT 화면만 보며 읽는 학생들…. 그리고 짧은 메시지만 남기고 들어가는 학생들도 있었다.

"저는 아직 꿈이 없습니다. 그래서 할 말이 별로 없습니다."

"열심히 하겠습니다. 취업하기 위해 필요한 자격증을 취득하겠습니다."

스티브 잡스의 모습처럼 멋지게 발표를 진행한 학생도 있었지만 대다수 학생들의 모습은 실망스러웠다. 발표를 앞두고 학생들은 긍정적인 의미를 갖기보다 '귀찮은 수업' 정도로 생각했던 것이다.

학생들의 발표를 보면서 문득 이런 생각이 들었다.

'내가 대학생이라면 나는 지금 어떻게 했을까?'

냉정하게 생각해 보면 비슷했을 것 같다. 어쩌면 수업에 참석조차 안 했을 수 있다. 그래서 이해도 되지만 대학을 졸업하고 사회생활을 좀 더 경험한 사람의 입장에서 학생들의 모습은 많이 아쉬웠다.

학생들에게 물었다.

"여러분이 결혼해서 아이를 낳고 키울 때는 그 아이가 학교에서 선생님 질문에 팔도 번쩍 들고 발표도 당당하게 잘했으면 하는 바람을 갖게 될 것입니다. 그렇죠?"

학생들은 대답한다.

"네!"

"스스로가 먼저 당당하게 발표도 해 보고 그런 모습을 통해 얻은 변화를 아이들에게 말해주면 더 좋지 않을까?"

학생들은 고개를 숙인 채 말이 없었다.

최근에는 지원직무와 관련하여 고(高) 스펙의 역량 있는 구직자들이 많다. 이런 상황에서 어떤 사람들이 선택받을 수 있을까? 아무래도 자신이 가지고 있는 역량을 잘 표현하는 사람이 선택받을 확률이 높을 것이다. 팔굽혀펴기 몇 번 한다고 해서 근육이 생기는 것은 아니다. 스피치도 마찬가지다. 평소 꾸준한 연습과 노력이 있을 때, 중요한 순간 자신의 역량을 돋보이게 할 수 있는 것이다. 귀찮고 창피한 시간이

아니라 자신의 발전을 위해 소중한 시간이라고 의미를 부여하는 모습
이 필요하다.

스피치 역량 계발을 위한 질문

많은 사람들은 스피치를 잘하면 자신의 경쟁력을 향상시킬 수 있다고 생각하지만 변화를 위한 적극적인 도전과 실천은 쉽게 하지 못한다. 효과적으로 스피치 역량 계발을 하기 위해 다음과 같은 질문을 하고 답을 찾아보자.

1. '스피치를 잘하면 무엇이 달라질 수 있는가?'

구직자들은 면접에서 경쟁력을 가질 수 있고 직장인들은 직무를 수행함에 있어서 능력을 더욱 인정받을 수 있다. 조직을 이끄는 리더나 사업을 하는 사람들은 보다 효과적인 리더십 역량을 발휘할 수 있다. 또 세일즈를 하는 이들은 고객에게 간결하고 명쾌한 정보 제공을 통해 고객 만족도를 높이고 매출 향상도 기대할 수 있다. 분명한 것은 스피치를 잘하면 현재보다 자신의 역량을 더 빛나게 할 수 있다는 것이다. 자신의 입장에서 스피치를 잘하면 좋은 점이 무엇인지 질문을 통해 답을 찾아보자.

2. '스피치 역량에서 부족한 부분은 무엇인가?'

스피치나 프레젠테이션, 면접, 의사소통에 있어서 현재 자신이 개선해야 할 점은 무엇인지 생각해 보자. 지나치게 긴장하는 발표 불안이 개선해야 할 점이라고 생각할 수 있고, 어떤 사람은 어떻게 내용을 구성하고 표현해야 하는지를 몰라 개선해야 한다고 생각할 수도 있다. 또 자세나 시선, 움직임 등의 개선이 필요하다고 생각할 수도 있다. 스스로 질문을 통해 개선해야 할 점을 생각해 보자. 이런 질문을 통해 변화를 위한 조언을 구할 수 있고 지속적인 관심과 노력이 시작될 수 있다.

3. '스피치 역량을 키워가는 과정을 어떻게 즐길 수 있을까?'

스피치는 잘해야 하지만 귀찮은 정도의 일, 그래서 잠시 피하면 되는 일 정도로 생각했을 것이다. 하지만 이런 마음가짐으로는 변화를 이끌어 낼 수 없다. 스피치 역량 계발을 통해 자신이 얻을 수 있는 장점, 경쟁력을 상상하고 무엇보다 스피치 역량을 계발하는 과정을 즐기는 모습이 필요하다. TV에 나오는 아나운서, 앵커, 기자, 기상 캐스터, 진행자, 리포터, 강사들 중 자신의 음성과 신체 조건이 비슷한 사람이나 닮고 싶은 사람을 롤모델로 선정해서 그 사람의 음성, 음의 변화, 자세, 제스처, 표정 등을 똑같이 따라 해 보는 것도 좋다. 이런 노력도 스피치에 대한 관심과 즐거움을 찾는 방법이 될 수 있다.

하지만 행동 변화의 발목을 잡는 것이 있다. 바로 스스로 생각하고 있는 체면과 고정관념, 그리고 타인의 시선을 지나치게 의식하는 마음이다. 스피치 역량을 계발하기 위해서는 많은 사람들 앞에서 자주 발표를 하고 카메라 촬영을 통해 자신의 스피치 모습을 확인해야 한다. 하지만 여러 가지 이유로 도전하지 못하는 사람들도 많다. 스피치 역량을 계발하기 위해서는 망신이라 생각하는 감정은 포기하고 스스로를 빛나게 하는 스킬을 새롭게 만들어 가는 과정이라 생각하고 지속적으로 도전해야 한다. 도전하는 노력만큼 스피치는 분명 좋아진다. 스피치 중요성과 필요성을 공감하지만 행동하지 못했다면 스스로 질문을 통해 답을 찾아보자!

누구처럼 스피치를 하고 싶으세요?

발성과 발음에 대한 강의를 진행할 때 한 수강생이 이런 질문을 했다.

"원장님은 원래 목소리가 이렇게 컸습니까? 아니면 연습을 통해 목소리를 만드신 건가요?"

"원래 목소리도 컸습니다. 하지만 지금처럼 배에서 나오는 힘 있는 소리는 아니었습니다. 꾸준히 강의하면서 이런 변화를 갖게 됐습니다. 전에는 큰 소리를 내면 목도 쉽게 쉬고 했는데 지금은 마이크 없이 강의를 해도 쉽게 목이 쉬지 않습니다."라고 답했다.

2005년에 발표 불안을 이겨내기 위해 서울에 있는 스피치 학원에 찾아갔었다. 당시 스피치 학원의 원장님은 정말 멋진 음성을 가지고 있었다. 울림과 힘이 있어서 목소리만으로도 충분히 청중을 집중시킬 수 있는 그런 음성이었다. 그래서 한동안 원장님을 흉내 내면서 연습했었다. 생각해 보면 그때부터 자연스럽게 복식 발성을 통해 소리 내는 방법을 알게 된 것 같다.

"누구처럼 스피치를 하고 싶으세요?"

스피치를 잘하고 싶어 찾아오는 사람들에게 가끔 이런 질문을 해본다. 대체로 TV에 나오는 아나운서, 방송인, 명강사 등을 말한다. "절대 그분처럼은 못 하겠지만 저는 그분의 스피치가 정말 좋습니다." 이런 분들이 교육을 진행할 때 좀 더 수월하다. 자신이 좋아하는 사람의 모습에 비추어 개선해야 할 점을 이야기하고 최대한 가까워질 수 있도록 지도하면 되기 때문이다.

누구처럼 스피치를 하고 싶은지 생각해 보고 그 사람의 스피치 모습을 흉내 내면서 스피치를 시작하면 좀 더 쉽게 스피치 역량을 계발할 수 있다. 물론 똑같이 할 수는 없겠지만 스피치에서 음성, 음의 변화, 자세, 제스처 등의 역량 계발에는 분명 효과적이다.

【스피치 개선을 위한 질문】

• 스피치를 잘하면 무엇이 달라질 수 있는가?

• 스피치 역량에서 부족한 부분은 무엇인가?

• 스피치 역량을 키워가는 과정을 어떻게 즐길 수 있을까?

지속적인 노력이 변화를 만든다

"스피치 수업에 참석할 때 준비할 것은 있나요?"

스피치 교육에 참여하기로 결정한 분들이 이런 질문을 하면 "잘하려고 하는 지금의 마음만 변치 마세요!"라고 말한다.

성공적인 변화를 위해서는 무엇보다 처음의 마음을 시종일관 유지하는 것이 중요하다. 종종 변화를 만들지 못하고 의욕을 잃어가는 분들을 볼 수 있다. 대부분 처음에는 강의 내용을 하나라도 놓치지 않으려고 열심히 듣고 발표할 때는 누구보다 적극적으로 도전하기도 한다. 발표 후에 개선해야 할 부분을 조언하면 메모까지 하면서 듣기도 한다. 하지만 시간이 지나 몇 차례 교육을 받고 나서는 반복적으로 조언해주는 내용조차 귀담아 듣지 않는 모습을 볼 수 있다. 이 정도에 이르면 대부분 스피치에 흥미를 잃게 마련이다. 교육을 받고 있지만 크게 늘지 않는 스피치 능력에 어떤 사람은 쉽게 포기하고 결국에는 결석하는 횟수도 늘어난다.

'스피치만 잘하면 지금보다 훨씬 멋진 모습과 역량을 갖출 수 있을텐데…' 그래서 나름대로 열심히 노력했지만 결과는 크게 달라지지 않는다고 생각할 수도 있다. 조금만 더 집중하고 노력한다면 분명 원하는 결과를 얻을 수 있지만 대부분 '여기까지가 전부야!'라고 생각하는 것 같다.

개인적으로 처음 강의를 시작할 때에는 매일 저녁 아무도 없는 강의

실에서 실제 강의처럼 많은 청중이 앉아 있다 생각하고 소소한 멘트까지 연습했었다. 연습 당시만 해도 내용을 술술 풀어내는 스스로의 모습을 보며 잘할 수 있겠다는 자신감을 얻었다. 하지만 2005년 여름 충남대학교 학생들을 대상으로 진행했던 첫 번째 강의에서 그동안 연습을 통해 가졌던 자신감은 처참하게 무너졌었다. 시작부터 전혀 예상하지 못한 상황이 펼쳐졌기 때문이다. 나름 재밌는 강의를 위해 준비했던 멘트에 대해서 학생들이 반응하지 않아 당황했고 그때부터 말을 제대로 이어가지 못했다. 당시 90분의 강의 시간을 채운 것이 신기할 따름이다. 땀을 비 오듯 흘렸고 학생들의 차가운 시선 외에 기억나는 것은 거의 없었다. 그런데 도망치듯 강의 장소를 벗어나는 순간 이런 생각이 떠올랐다. '개망신도 성공의 자산으로 삼자! 그리고 다시는 이런 망신을 당하지 말자!' 이 생각이 계기가 되어 12년이 지난 지금도 나는 강의를 하고 있다.

무엇이든 한순간에 갑자기 잘할 수는 없다. 처음에는 변화가 크게 생기는 것 같아도 어느 순간 변화가 느껴지지 않을 수도 있다. 조급해하지 말고 조금씩 변화를 만들어 가야 한다. 포기하지 않고 계속 도전한다면 누구든 멋진 스피커가 될 수 있다.

【성공을 위한 마음】

성공을 위해서는 세 가지 마음이 필요하다고 한다. 바로 초심, 열심, 뒷심의 세 가지 마음이다. 먼저 변화를 원한다면 초심을 잃지 말아야 한다. 때로는 창피하고 앞에 서 있기도 힘들겠지만 도전하겠다고 생각했던 초심을 잃지 말자. 초심을 잃지 않는다면 변화는 반드시 생긴다. 두 번째는 열심이다. 처음의 마음을 잃지 않고 지속적으로 노력한다면 누구나 멋진 스피커가 될 수 있다. 세 번째 마음은 뒷심이다. 끝까지 최선을 다하는 모습, 마지막에 더 집중할 수 있는 모습이 변화를 위해서는 필요하다.

맥아더 장군이 인천상륙작전을 감행할 당시 많은 참모들이 반대를 했었다고 한다. 역사상 상륙작전이 성공한 사례가 한 번밖에 없었기 때문이다. 하지만 맥아더 장군은 이렇게 말했다. "단 한 번이라도 성공한 사례가 있다면 나도 할 수 있다." 그리고 작전은 성공했다. 성공을 원한다면 무엇보다 할 수 있다는 생각과 변화를 원했던 처음의 마음을 잃지 말자, 그렇게 지속적으로 노력하고 집중할 때 멋진 스피커가 될 수 있다.

소리 내며 연습하라

많은 사람들이 이야기하는 스피치의 긴장 완화법은 실질적인 도움이 되지 않는 것 같다. 무엇보다 잘하려는 생각보다 '조금 못할 수도 있다.'는 편안한 마음으로 자주 도전하는 것이 필요하다. 스피치는 이론으로 완성될 수 없기 때문이다. 물론 처음에는 떨리는 마음에 실수를 하고 망신스러운 모습도 보일 수 있다. 하지만 다음에 덜 떨면 되지 않을까? 사람들의 시선이 두렵고 무서워서 쳐다보지 못했다면 다음 스피치에서는 시작하면서 앉아 있는 사람들의 눈을 한 번씩 바라본 후 시작하면 된다.

스피치를 시작할 때 갑자기 '멍'해져서 말을 못했고 그래서 진땀을 흘렸다고 생각되면 다음에는 처음 몇 분의 이야기를 소리 내서 연습하고 시작해 보라. 긴장이 되어도 입은 움직인다.

2006년 TJB방송국(대전방송) '생방송 오늘!'에 출연했었다. 방송을 이틀 앞두고 작가로부터 예상 질문 내용을 팩스로 받고 바로 답변 내용을 정리해서 보내주었다. 그런데 그때부터 문제가 생겼다. '방송에 정말 출연하는구나!'라는 생각에 긴장이 되고 갑자기 배가 아리기 시작했다. 사실 그때가 첫 방송 출연이었고 더군다나 생방송이었다. 밥을 먹고 약을 먹어도 아린 배는 멈추지 않았고 밤에는 잠도 오지 않았다. 새벽녘에 지쳐서 잠이 들고 일어나 보니 이제는 방송이 하루 남았다. 방송에서 망신당할 모습이 떠올라 두려웠고 출연을 약속했던 나 자신이 원망스러웠다. 이제 와서 출연을 못 하겠다고 할 수도 없고 단지 열심히 연습을 하는 수밖에 방법이 없었다. 그래서 아침부터 거울 앞에서 작가와 주고받았던 질문과 답변을 소리 내서 계속 연습했다. 하루 종일 걸어 다니면서, 운전하면서 심지어 화장실에서도 연습하고 잠들기 전까지 계속 그렇게 연습을 했었다.

방송 시작 전에 리허설을 한다며 두 시간 일찍 도착해 달라는 작가의 전화를 받고 다음 날 오후, 방송국에 도착해서 아나운서 두 분과 마주 앉아 차를 마셨다. 별다른 생각 없이 질문하면 답변도 하며 편안하게 차를 마셨는데 알고 보니 그 짧은 시간이 리허설이란다. 스튜디오 안에서 리허설을 할 것으로 생각했었고 그렇게 최종 점검을 하면 그래도 어제 하루 종일 연습을 했기 때문에 무난하게 생방송을 잘 마칠 수 있을 거라 생각했었는데 더 이상 기댈 곳이 없었다. 방송을 위해 스튜디오 안으로 들어가 준비된 자리에 앉았다. 그리고 약간의 시간이 지나자 남자 아나운서가 인사를 한다.

"오늘은 초대석에 김기태 소장님을 모셨습니다. 소장님 안녕하세요!"

"네. 안녕하세요! 김기태입니다."

그렇게 방송은 시작됐고 그 뒤는 떨리고 긴장해서 크게 생각나는 것이 없다. 소리 없이 지나가는 영화의 한 장면처럼 그냥 '멍'했다.

다음 날 내 모습이 어떻게 나왔을까 궁금해서 인터넷 다시보기로 출연한 방송을 봤다. 다행히 큰 실수는 없었지만 말이 굉장히 빠른 느낌이었다. 실전처럼 수없이 소리 내서 연습했기 때문에 긴장하고 '멍'했지만 입은 기계처럼 움직인 것이다.

스피치 강의에서 발표 불안에 대한 이야기를 할 때 자주 하는 개인적인 경험이다. 긴장될 때는 머리로만 생각하지 말고 입으로 소리 내서 계속 연습해야 한다. 그러면 긴장이 되도 해야 할 말은 할 수 있다. 반드시 머리의 생각이 아닌 입으로 소리 내서 연습하자!

카메라 촬영과 낭독 훈련

스피치 역량 계발을 위해 항상 두 가지를 강조한다. 첫 번째는 카메라로 자신의 스피치 모습을 촬영하는 것이고, 두 번째는 하루에 잠깐이라도 신문, 책, 인터넷 기사들을 낭독하는 것이다.

한번은 레슨을 진행하면서 자신이 가장 자신 있는 내용에 대해 발표를 주문했었다. 발표 내용을 정리할 시간을 주고 카메라 앞에서 발표를 시작할 때 수강생이 이렇게 말한다.

"원장님! 촬영 안 하시면 안 돼요? 떨려서 못 하겠어요!"

"카메라 촬영을 해야 발표 내용과 음성, 표정, 시선, 몸짓 등의 전체적인 내용을 자세하게 분석하고 개선할 수 있습니다." 그렇게 촬영을 하는 이유에 대해 설명하고서야 겨우 발표를 진행할 수 있었다. 촬영을 하지 않고 발표하는 모습을 지켜보다가 개선 사항을 지적할 수도 있다. 하지만 그렇게 되면 놓치는 부분이 생기고 교육자의 주관적인 판단에 의해 일방적인 교육이 될 수밖에 없다. 자신이 발표한 영상을 함께 확인하고 더 좋은 스피치 역량을 위해 어떤 노력이 필요한지를 생각해 보고 개선해야 한다.

요즘은 TV나 인터넷을 통해 스피치를 잘하는 사람을 쉽게 찾아볼 수 있다. 그리고 다른 사람의 강의나 프레젠테이션을 하는 모습을 보면서 나름 평가를 하기도 한다. 자신의 모습을 촬영한 영상을 통해 스스로 어느 정도의 역량을 가지고 있는지, 또 어떤 부분을 개선해야 할지 확인해야 한다. 그런 이유로 스피치 역량 계발을 위해서는 발표하는 모습을 촬영하는 것이 효과적이다.

학창 시절 선생님들은 글을 잘 쓰기 위해서 책도 많이 보고 매일 일기를 쓰는 것이 좋다고 말씀하셨다. 같은 방법으로 스피치를 잘하려면 매일 카메라 일기를 써보는 것이 좋다. 하고 싶은 이야기를 일기장에 적는 것처럼 하고 싶은 이야기를 핸드폰이나 카메라에 담아보고 확인해 보는 것이다.

"처음에는 낭독을 시키는 게 정말 싫었습니다. 하지만 이제는 낭독 때문에 스피치가 재밌어졌습니다." 스피치 교육을 받던 수강생이 했던 말이다. 스피치 강의 중 낭독에 대해 강조하고 낭독 훈련을 시작하면 당황스러워하는 수강생들이 있다. 아마도 학창 시절 수업 시간에 떨려서 잘하지 못했던 기억, 그래서 친구들한테 놀림을 당했던 일이 있을 수도 있고, 글을 모르는 것도 아닌데 낭독을 하는 이유에 대해 쉽게 동의하지 못할 수도 있다. 하지만 낭독 훈련은 스피치 역량 계발을 위해 반드시 해야 한다. 특히 구어체로 낭독하면서 내용을 자연스럽게 전달하는 노력을 해야 한다. 우리나라 사람들이 갖고 있는 스피치에 대한 불안감이 낭독을 하지 않아서 생긴 것이라 말하는 사람도 있다. "과거 우리 조상들은 글공부를 할 때 밖에서도 책 읽는 소리가 들릴 정도로 크게 소리 내서 낭독을 했습니다. 그런 모습이 자신의 생각을 표현하는 데 효과적이었습니다. 하지만 언제부턴가 우리는 책을 소리 내서 읽지 않고 눈으로만 봅니다. 그래서 머리의 사고는 있지만 소리를 내서 표현하는 것이 어려워진 것입니다."

인터넷으로 뉴스 영상을 찾아보면 동영상과 함께 아래쪽에는 원고가 있는 것을 볼 수 있다. 그래서 강의 중에는 뉴스 영상을 보여주고 원고를 바탕으로 전달하는 연습을 하기도 한다. 대부분 보기는 쉬웠는데 실제로는 어렵다고 말하면서도 재미있어 한다.

스피치 역량 계발을 위해 카메라 촬영을 통해 하루의 일상을 표현해보고 꾸준히 책이나 뉴스 기사 등을 낭독해 보길 바란다.

년　월　일 ＿＿＿＿＿＿의 카메라 일기!

제2장

스피치의 세 가지 구성 요인

음성 & 콘텐츠 & 비언어적 표현

좋은 스피치를 위해서는 전달력이 좋은 음성으로 청중이 원하는 콘텐츠를 쉽고 명쾌하게 표현해야 하고 이때 신뢰를 줄 수 있는 자연스러운 비언어적 표현이 필요하다. 스피치는 단순하게 말을 하는 것이 아니라 내가 가진 정보, 지식 등을 상대에게 전달해서 설명하고 설득하는 것이기 때문이다. 따라서 정보나 지식을 효과적으로 전달하기 위해서는 스피치를 구성하는 요소들을 확인할 필요가 있다. '파워스피치'의 저자 김은성씨는 스피치를 구성하는 구성 요인으로 음성, 콘텐츠, 외형/외모, 몸짓언어가 있다고 했다. 스피치 구성요인 중 스스로 어떤 부분이 부족한지를 체크하고 체계적인 훈련을 통해 보완한다면 누구나 좋은 스피커가 될 수 있다.

스피치를 구성하는 세 가지 요소

1. 음성: 발성, 발음, 음의 변화
2. 콘텐츠: 청중 분석을 통한 콘텐츠 선택, 내용 구성, 표현
3. 비언어적 요인: 자세, 움직임, 제스처, 시선, 표정, 복장, 외모 등

1. 좋은 음성은 전달력을 높인다

스피치의 구성 요인 중 음성은 말하는 사람의 발음과 발성, 음의 변화로 나누어 설명할 수 있다. 음성이 좋으면 처음부터 호감도가 높아지고 청중을 쉽게 집중시킬 수 있다. 반대로 음성이 나쁘면 청중의 집중력이 떨어지고 심지어 빨리 자리를 뜨고 싶다는 마음을 갖게 할 수 있다. 갈라지거나 찢어지는 소리로 말을 하거나 큰 소리를 내면 목소리가 쉽게 쉬어버리는 음성을 갖고 있다면 개선이 필요하다.

좋은 소리는 어디서 나오는 소리인가? 바로 배에서 나오는 소리이다. 목의 소리와 달리 울림이 있고 소리의 파장도 다르다. 그래서 배에서 나오는 소리를 좋은 소리라고 한다. 좋은 소리와 나쁜 소리는 성대의 움직임으로 쉽게 구분해 볼 수 있다. 스스로 좋은 소리를 가지고 있는지 나쁜 소리를 가지고 있는지 확인해 보자. 바른 자세로 어깨와 허리를 펴고 검지를 목 중간의 튀어나와 있는 성대에 가볍게 댄다. 평소 침을 삼키면 올라갔다 내려가는 부분으로 여성도 쉽게 찾을 수 있다. 그리고 평소보다 큰 소리로 "안녕하세요! 000입니다."를 말해 보자! 이때 성대가 검지 밖으로 튀어 나가면 좋은 소리가 아니다. 큰 소리를 내도 성대의 움직임이 손가락 마디 안에 있다면 기본적으로 좋은 발성을 가지고 있는 것이다. 이런 발성을 통해 내는 소리는 울림이 있고 청중의 변화를 이끌어 내는 힘도 생긴다.

배로 소리를 내는 연습을 위해서는 한쪽 다리를 들고 낭독 연습을 하는 것이 좋다. 중심을 잡기 힘들다면 어깨를 벽에 기댄 후 한쪽 다리를 들고 낭독을 하면 된다. 이때 어깨는 중심을 잡아주는 정도로 활용하고 몸의 무게 중심이 한쪽 다리로 쏠리게 한다. 이런 동작으로 소리를 내면 몸의 무게 중심이 아래로 향하고 복식 발성을 만들 수 있다.

예전에 방송에서 보컬 트레이너가 가수 지망생의 아랫배를 발로 누르고 있는 상태에서 노래를 부르라고 주문하는 모습을 본 적이 있다. 가수 지망생은 자연스럽게 트레이너가 밟고 있는 아랫배에 힘을 주고 노래를 부르게 된다. 배에서 나는 소리는 소리를 낼 때 아랫배가 튕겨 나오면서 힘이 들어가고 서 있는 경우에는 몸의 무게 중심이 아래로 향하게 된다. 보컬 트레이너는 이렇게 복식 발성을 가르치는 것이었다.

예를 들어 '야호~' 소리를 낼 때 목의 발성으로 소리를 내면 몸이 위로 들리는 느낌과 소리의 끝이 가늘게 찢어지기도 한다. 하지만 배로 소리를 내면 끝부분에서도 힘이 있는 소리가 나오게 된다. 이때 몸의 무게 중심이 아래쪽으로 향하면서 아랫배가 나오는 느낌을 느낄 수 있다.

힘 있는 소리는 설득력을 높일 수 있고 같은 말이라도 힘 있게 말할 때 상대에게 전달되는 에너지는 달라진다. 좋은 소리는 풍부한 음량과 맑은 음질을 통해 청중에게 호감을 주고 집중력을 높이고 전달이 잘 되는 소리를 말한다. 반대로 나쁜 소리는 힘이 없는 소리, 하이 톤의 가늘고 찢어지는 소리, 지나치게 낮게 깔리는 음성, 비음이 섞인 맹맹한 음성이나 잠긴 목소리를 말한다. 나쁜 소리는 듣는 사람에게 스트레스를 준다. 복식 발성을 통해 좋은 음성을 가져야 한다.

목소리가 좋아지면 자신감이 생긴다

만약 자신에게 잘 어울리는 멋진 옷을 입고 있다면 집에만 있고 싶을까? 아니면 밖으로 나가고 싶을까? 아마도 다른 사람들에게 자신의 멋있는 모습을 보여주고 칭찬과 인정을 받고 싶어서 밖으로 나가게 될 것이다. 그리고 주변 사람들로부터 인정받고 칭찬도 듣게 되면 기분도 좋아진다. 자연스럽게 밝은 표정으로 당당하게 걷게 되고 발걸음도 가벼워질 것이다. 이렇듯 자신에게 어울리는 멋진 옷을 입고 있으면 자연스럽게 자신감이 생기기 마련이다.

음성도 마찬가지이다. 좋은 음성을 가지고 있다면 말을 하고 싶어질까? 아니면 말을 아끼게 될까? 자신에게 잘 어울리는 좋은 옷을 입은 것처럼 좋은 음성을 가지고 있다면 어떤 상황에서도 보다 자신 있게 말하려 할 것이고 이런 모습을 통해 상대방에게 신뢰와 호감을 줄 수도 있다. 목소리가 좋아지면 스피치에 대한 자신감도 생기기 마련이다.

자신감이 없을 때 목소리가 작아진다. 아이가 거짓말을 했다고 의심받고 추궁당할 때 아이가 오히려 큰 소리로 자신의 억울함을 호소하면 부모는 아이의 말에 신뢰를 갖게 된다. 하지만 작은 소리로 눈도 마주치지 않고 말한다면 아마도 잘못을 인정하고 있다고 생각한다. 자신감은 목소리의 크기와 비례한다고 말하는 사람도 있다. 스피치에 대한 자신감을 키우기 위해 크고 힘 있는 소리를 내는 연습을 해야 한다. 물론 음성 훈련만으로 자신감이 커지지는 않는다. 중요한 것은 자신감을 느끼는 성취의 경험이 크든 작든 조금씩 쌓아가는 것이 중요하다. 음성도 그중 한 가지가 될 수 있다.

좋은 소리를 위한 노력

- 허리와 등을 곧게 펴고 상체의 불필요한 힘을 뺀다.
- 스피치 상황에서 체중을 양발에 균등하게 싣는다.
- 바른 자세에서 소리를 내는 연습을 한다.
- 낭독 연습의 경우 한쪽 다리를 들고 조금 큰 소리로 낭독한다.
- 소리를 낼 때 몸의 무게 중심이 아래로 가는 느낌을 찾는다.
- 성대의 움직임이 작은 소리에 집중해야 한다.
- 큰소리를 낼 때 목을 닫지 않고 열어야 한다.

성공한 사람들 중 목소리가 나쁜 사람이 별로 없다는 것을 느낄 때가 있다. 왜 그럴까? 그들의 목소리에는 언제나 자신감과 열정이 느껴지고 힘이 있다. 우리는 일상에서 힘 있는 목소리를 가진 사람들을 쉽게 구별할 수 있다. 이런 사람들은 대체로 다른 사람들의 시선을 끄는 어떤 힘을 가지고 있고 어디서나 다른 사람들 눈에 쉽게 포착된다. 이들의 목소리는 자신의 성격이나 외모, 전달하고자 하는 메시지가 그들의 행동과 잘 어울리기 때문이다.

많은 사람들은 상대방의 외모, 즉 어떻게 생겼고 어떤 옷을 입었는지를 보고 그 사람을 판단하려 한다. 하지만 사람의 내면을 볼 수 있는 것은 그 사람의 목소리다. 목소리는 우리의 감정이나 생각을 전달하고 소리를 통해서 다른 사람들을 설득할 수 있으며 행동의 변화를 줄 수 있는 힘을 가지고 있다. 눈으로 보이는 것이 외적인 것이라면 목소리는 내면을 말한다. 커리어 면에서 당신의 일 처리 능력을 향상시키는 것과 동시에 목소리의 힘을 강화한다면, 진급의 기회, 계약을 성사하거나 면접관을 설득하는 데 큰 도움이 될 수 있다.

발성 연습 (성대에 손을 대고 리듬감 있게 연습하자)

안녕하세요! 웃는 얼굴이 매력적인 남자(여자) ○○○입니다.
만나서 정말 반갑습니다.
저는 오늘 목소리 연습 방법을 배워서 더욱 멋진 스피치를 하기 위해 참석했습니다.

발성 연습 "안녕하세요~"

"안녕하세요"로 발성 연습할 때 숨을 채우고 '요' 소리를 점차 늘려가면서 소리를 내보자. 이때 소리의 끝이 가늘어지고 몸이 들리면 목의 발성이 되고 있는 것이다.
소리의 굵기가 그대로 유지되면서 몸의 무게 중심이 아래로 향하는 느낌이 좋은 발성이 된다.

목을 여는 발성 연습 (목을 열고 큰 소리로 낭독해 보자!)

아들, 아버지, 호랑이, 한강, 해바라기, 왕자, 해고, 야호
하하 호호 웃는다. 하루 종일 하품을 한다.
위도 아래도 보지 말고 앞에만 봐~

성량 키우기 (강사, 자녀, 남편, 아내 이름 등을 점점 크게 표현해 보자)

기태야! **기태야!** **기태야!**
남경아! **남경아!** **남경아!**

혹시 '목소리는 타고난 것이다'라고 생각한다면 먼저 그 고정관념을 버려야 한다. 목소리도 꾸준한 연습과 훈련을 통해 변화시킬 수 있다. 내면의 힘을 키우고 상대를 설득할 수 있는 목소리의 힘을 키우기 위해서는 하루에 5분 정도 신문이나 책, 인터넷 기사 등을 큰 소리로 읽는 것이 좋다. 먼저 호흡을 가다듬고, 배에서 나오는 목소리를 느껴라. 힘 있는 목소리는 자신감과 일상의 즐거움을 증가시킬 수 있다.

3단계 발성법

어제와 다른 오늘이 내일을 변화시킵니다(낮은음).
어제와 같은 오늘은 내일을 변화시킬 수 없습니다(중간음).
성공을 원한다면 지금 달라져야 합니다(높은음).

실패는 어제 낭비했던 그 시간의 보복이라는 말이 있습니다.
지금 실패했다고 느끼신다면 그것은 과거의 내가 만든 모습입니다.
내일의 성공을 원하신다면 지금 달라져야 합니다.

밝은 소리 연습하기

혹시 힘든 직장 생활 때문에 한숨 쉬고 계신가요?
그렇다면 주목해 주시기 바랍니다.
여러분과 함께 호흡하며 함께할 준비가 된 OOO 인사드리겠습니다.

좋은 발음으로 전달해야 한다

스피치에 있어서 발음은 카메라의 초점과 같다. 발음이 나쁘면 메시지를 정확하게 전달할 수 없고 상대에게 좋은 이미지를 줄 수도 없다. 발음이 나쁜 사람들은 말을 쉽고 빠르게 하려고 하는 습관에 있다. 또 입을 크게 벌리지 않고 말하기 때문에 정확한 발음이 나올 수 없는 것이다. 정확한 발음을 위해서는 조음기관(혀, 턱, 입)을 활발하게 움직여야 하는데 입을 크게 벌리지 않고 말을 하면 특히 모음(아, 에, 이, 오, 우) 발음이 잘 안 되고 정확한 소리를 내지 못한다. 예를 들어 '관광도시'라는 발음을 해야 하는 상황에서 모음 발음이 정확하게 발음되지 못하면 '강간도시'로 들릴 수도 있고 그렇게 되면 말하는 사람의 품위도 심각하게 손상될 수 있다.

정확한 발음을 위해서는 말을 쉽게 하려 하면 안 된다. 낭독 훈련을 통해 또박또박 발음하는 연습이 필요하고 특히 모음 발음을 명확히 하는 습관이 필요하다.

모음 발음 연습: 모음 발음 (세로 방향, 입을 크게 벌리고 큰 소리로 낭독)

가나다라마바사아자차카타파하
고노도로모보소오조초코토포호
구누두루무부수우주추쿠투푸후
게네데레메베세에제체케테페헤
기니디리미비시이지치키티피히

가고 가고 기어 가고 걸어 가고 뛰어 가고
지고 가고 이고 가고 놓고 가고 들고 가고
쥐고 가고 잡고 가고 가고 가고 자꾸 가고

좋은 발음을 위해서는 영어를 발음할 때처럼 악센트를 활용하는 것이 효과적이다. 예를 들어 "저는 반포에 살고 있습니다."라는 말을 할 때 보통 '반포'를 '밤포'라고 발음할 때가 있다. 이때 발음이 '반'에 악센트를 활용하면 정확하게 전달할 수 있는 것이다.

- 근무(금무), 한반도(함반도), 연구(영구), 감기(강기), 접근(적근), 합계(학계)
- 위험(위엄), 인물(임물), 습관(슥관), 단결(당결), 밥그릇(박그릇), 잡곡(작곡)

평소 많은 사람들이 잘못 발음하는 것이 '의' 발음이다. '의' 발음은 소유격으로 올 때는 '에'로 발음하고 어두에 올 때는 '으이'로 발음해야 한다. 그리고 어미에 올 때는 '이'로 발음하는 것이 맞다. 예를 들어 '나의 집'은 '나에 집', '의사'는 '으이사', '정의'는 '정이'로 발음해야 하는 것이다.

• 예: 민주주의의 의의 ⇒ (민주주이에 으이이)

발음 연습 (발음이 어려운 부분에서 또박또박 힘 있게 낭독해야 한다)

- 대한관공공사 관광과 박진광 관광과장

- 앞집 팥죽은 붉은팥 팥죽이고 옆집 콩죽은 검은콩 콩죽이냐.

- 공권력은 국가를 유지하면서 권력 남용을 견제하기도 합니다.

- 맑다가 눈이 내리겠으며 내일까지는 맑지 않겠습니다.

- 넉 섬은 넉지에 널따랗게 널으니 넓던 널방석이 널뛰기도 모자란다.

- 내친걸음에 왜놈 밥집 술국밥 값 갚고 오늘은 외나무 밥집 장국밥 값 갚고
  내빼려는 내일은 내시의 내자이다.

- 낙방하여 낙향한 자는 낙루하고 난간에서 난동을 부린다.

- 능청 떠는 늙정이가 절에 가서 젓갈 찾다, 눈두덩이에 눈덩이 맞아 면상이
  붉으락푸르락 되어 늪 앞에서 힘쓰는 농부를 이유 없이 후려치고 있다.

- 대공원의 봄 벚꽃 놀이는 낮 봄 벚꽃놀이보다 밤 봄 벚꽃 놀이니라.

- 칼슘 흡수 촉진용 우유 성분이 함유된 고효율 식품

(출처: 쇼호스트 스타아카데미)

전달력을 높이는 음의 변화
(음의 속도, 크기, 장단의 변화, 쉼 등)

TV에서 강연하는 명강사와 주변에서 재밌게 말을 잘하는 사람들의 공통점은 무엇일까? 무엇보다 말을 할 때 음의 변화가 많고 자연스럽다는 공통점이 있다. 대체로 빠른 속도로 말을 하다가 강조를 할 때 갑자기 아무런 말없이 청중을 바라보고 키워드를 작은 소리로 말하기도 하고, 천천히 말하다가도 갑자기 빠르고 큰 소리로 말하기도 한다.

학창 시절 학원가에서 명강사로 소문이 자자한 선생님들의 강의는 늘 열정적이었다. 강의실을 가득 채운 수백 명의 학생들에게 자신감이 느껴지는 크고 빠른 목소리로 강의를 진행하고 몸짓도 크고 강렬했었다. 그런데 항상 큰 소리로 강의를 하는 것은 아니다. 강조하는 순간에 갑자기 한참을 말없이 수강생들을 바라보면서 이목을 집중시키고 작은 목소리로 강조하기도 한다. 또 재치 있는 말이나 유머도 잘 활용한다. 강의하는 모습만으로도 충분히 지루하지 않았다. 반면 좋은 스펙을 갖고 있는 선생님이라서 기대하고 강의를 신청했지만 강의 시간 내내 조용한 음성으로 밋밋하게 수업을 진행하는 모습에 졸기만 했던 기억도 있다. 그래서 다음 수강신청에서는 다른 선생님의 수업으로 변경하기도 했었다.

말하는 사람의 음의 변화(음의 속도, 크기, 장단의 변화, 쉼 등)는 청중의 집중력과 전달력을 높인다. '나는 가수다', '불후의 명곡' 같은 TV 프로그램을 보면 곡 전체가 잔잔하고 조용한 노래보다 중간 이후부터 점차 고음을 통해 열정을 쏟아내고, 작은 소리나 쉼을 통해 감성을 자극하는 가수에게 관객들이 더 많은 환호를 보내는 모습을 볼 수 있다. 아마도 음의 변화를 통해 청중의 감성을 들었다 났다 하기 때문이다. 음의 변화가 없는 잔잔한 노래는 듣기에는 편안하지만 경연과 같은 프로그램에서는 관객의 감성을 크게 자극하지 못하고 좋은 평가를 받지 못하는 경우가 많다. 그래서 이런 노래는 경연용으로는 부적절하다고 말하며 잠을 청하거나 휴식을 취할 때 자주 듣는다.

스피치의 목적에 따라 어조의 변화도 달라야 한다. 친근한 이미지를 줄 때는 말끝의 어조가 올라가지만, 신뢰를 제공하는 상황에서는 말끝의 어조를 내리는 것이 좋다.

예를 들어 미스코리아 선발대회에 나온 참가자가 인사할 때를 생각해 보자!

"안녕하십니까?／ 미스 대전 진 ○○○입니다.／"

이때 귀엽고 친근한 이미지를 위해 말끝의 어조가 올라간다. 하지만 뉴스를 진행하는 앵커를 생각해 보자.

"안녕하십니까?＼ 9시 뉴스 ○○○입니다.＼"

이때는 말끝의 어조가 내려간다. 9시 뉴스의 앵커가 어조를 올리면서 뉴스를 진행하면 아마도 방송국 게시판은 난리가 날 것이다. 청중에게 객관적인 정보를 제공하고 신뢰를 주기 위해서는 말끝의 어조를 낮추는 음의 변화가 필요하다.

개인적으로 음성의 속도, 고저장단의 변화, 적절한 쉼, 어조의 변화는 스피치 교육에서 가장 강조하는 부분 중 하나이다. 당신의 이야기를 듣고 있는 청중들이 졸고 있거나 따분해하고 메시지가 잘 전달되지 않는다면, 그 순간 청중을 탓해서는 안 된다. 말하는 사람의 음의 변화가 원인일 수도 있기 때문이다. 청중을 보다 집중하게 만들려면 메시지의 전달력을 높이는 음의 변화를 가져야 한다. 음의 변화는 메시지의 전달력을 높일 수 있다.

원근감이 잘 표현된 그림이 생동감을 줄 수 있듯이 스피치도 그런 표현이 되어야 한다. 스피치에서 그림의 원근감과 같은 표현은 바로 음의 장단, 고저변화라고 할 수 있다. 예를 들어 "적들이 서서히 다가오고 있습니다."에서 '서~서히'처럼 장단의 변화를 갖게 되면 스피치는 보다 입체적 느낌을 갖게 한다. 또한 "우리 인간에게 가장 필요한 것은 '사랑'입니다."라고 말할 때는 '가장 필요한 것은'을 크게 말하고 긴 쉼을 가지고 청중을 바라보며 작은 소리로 '사랑입니다.'를 말하면 키워드를 효과적으로 전달할 수 있다. 음의 변화가 전혀 없는 스피치는 계속 진행될수록 듣는 사람을 지루하게 할 수 있다. "말 속에 자기를 투입하라."는 데일 카네기의 말처럼 스피치에서는 내용과 일치되는 감정을 목소리에 담아야 한다. 그래야 청중의 마음을 사로잡는 스피치가 될 수 있다.

미국의 버락 오바마가 대선에서 승리하고 처음 대통령에 당선되었을 때 그리고 얼마 전 퇴임 연설까지 많은 사람들은 그의 스피치에 관심을 가졌다. 연설하는 영상을 보면 사람들의 눈은 연단에 서 있는 오바마의 입에 멈춰 있었고, 그가 말하는 한 마디, 한 마디에 촉각을 곤두세우고 듣고 있는 모습을 볼 수 있다. 이런 청중들의 모습을 보면서 오바마의 스피치 능력이 신비롭게 보였다. 그의 말은 생동감이 있고 또 희망의 메시지가 있다. 스피치가 중요한 이유는 바로 여기에 있다. 멋진 스피치를 통해 청중의 가슴을 벅차게 하고 변화를 이끌어 낼 수 있는 것이다. 리더라면 이런 스피치를 해야 한다. 스피치 상황에서 음의 변화를 통해 청중의 마음을 사로잡는 스피치를 할 수 있다면 사람들의 시선과 느낌, 그리고 당신에 대한 평가는 달라진다.

열정의 메시지 전달법

개인적으로 좋아하는 스피치는 자신의 메시지를 열정적으로 명쾌하게 전달하는 것이다. 열정적으로 말하는 사람들은 대체로 자신의 생각을 거침없이 이야기한다. 중간에 끼어들기 어려울 정도로 말의 속도와 내용 전개가 빠르다. 또 음의 변화를 주고 보장근거를 통해 내용을 논리적으로 이야기한다. 빠르게 많은 말을 하고 있어도 집중도 잘되고 지루하지 않고 정리도 잘된다. 그렇기 때문에 이야기에 쉽게 빠져들게 된다. 속사포 래퍼라고 불리는 아웃사이더라는 힙합 가수가 있다. 신기할 정도로 정말 빠른 랩을 통해 노래를 한다. 빠른 속도로 말하기 때문에 듣기 어려울 것 같지만 그래도 노래 가사가 잘 들린다. 이유는 정확한 발음과 음의 변화가 있어서이다.

열정적으로 명쾌하게 메시지를 남기기 위해 빠르게 말하는 것만 강조하는 것은 아니다. 빠르게 메시지를 표현하다가 중요하고 강조해야 할 때 긴 쉼(침묵)을 활용하면 효과적이다. 쉼을 활용할 때는 말없이 청중을 천천히 바라봐야 한다. 그러면 그 순간 청중은 다음에 무슨 이야기를 할지 궁금해서 당신의 입에 시선이 머물러 있을 것이다. 그때 '툭' 하고 작은 소리로 강조하고 싶은 키워드를 말하면 그 메시지는 듣는 사람에게 훨씬 강렬하게 각인될 수 있다. 중요한 메시지는 오히려 작은 소리에서 크게 전달될 수 있다. 그렇다고 항상 작은 소리로 말하는 것은 아니다. 앞에서 빠르고 큰 음성으로 열정적으로 말하고 적절한 쉼(침묵)을 통해 청중을 집중시킨 이후에 작은 목소리로 말하면 메시지를 보다 강렬하게 전달할 수 있다.

예를 들어 "사람들이 가장 소중하게 생각하는 것은 가족입니다."라는 말을 할 때, 그저 같은 톤과 속도로 말한다면 평범한 스피치가 된다. 하지만 "사람들이 가장 소중하게 생각하는 것은…" 빠르고 큰 목소리로 말하고 말없이 청중을 바라보면서 긴 쉼(침묵)을 갖고 작은 목소리로 "가족입니다."라고 말하면 메시지 전달 능력은 달라진다. 현존 최고의 스피커라는 칭송을 받는 미국의 버락 오바마 대통령의 연설 영상 중에는 54초의 긴 쉼(침묵)을 활용하는 모습도 있다. 영상을 보면 오바마가 침묵하고 있을 때 많은 청중들은 오히려 더 환호하는 모습을 볼 수 있다.

열정적인 모습으로 강렬하게 메시지를 남기고 싶다면 조금 크고 빠른 소리로 말하다가 충분한 쉼을 통해 청중을 집중시키고 중요한 키워드를 작은 소리로 말하는 음의 변화를 가져야 한다.

【음의 변화 연습】

- **때론 강하게, 때론 약하게**

  - 발표를 잘하고 싶다면 최소 세 번 이상의 연습을 하십시오.
  - 가급적 스크린보다 청중을 많이 봐야 합니다.
  - 지금 포기한다면 엄청난 기회를 잃어버리게 됩니다.
  - 어제와 다른 오늘이 내일의 변화를 가져다줍니다.
  - 청중의 동의를 얻지 못한다면 그 발표는 실패입니다.
  - 몸으로 배울 수 있는 것과 마음으로 배울 수 있는 것이 있습니다.
  - 청중을 집중하게 만들려면 목소리의 변화가 필요합니다.

- **음의 변화 연습 (리듬감)**

  - 새로운 미래를 준비하는 여러분! 만나서 반갑습니다.
  - 제가 오늘 여러분께 말씀드릴 주제는 잠재 능력입니다.
  - 콩 심은 데 콩 나고 팥 심은 데 팥이 난다는 말이 있습니다.
  - 여러분의 마음속, 그 잠재의식 속에 무엇을 심느냐에 따라
    미래는 달라질 수 있습니다.
  - 열정의 씨앗을 심어보세요! 그리고 행동하세요!
  - 상상은 현실이 될 수 있습니다.

띄어 말하기

　'땅콩리턴사건'으로 온 나라가 떠들썩했을 때 대한항공의 조양호 회장은 기자회견을 통해 대국민 사과문을 발표했었다. 인터넷으로 관련 뉴스 기사를 보다가 발표문을 낭독하는 조양호 회장의 모습에서 흥미로운 부분을 찾을 수 있었다.

　사진 속의 조양호 회장은 자필로 쓴 원고를 들고 있었는데 원고에는 글 중간에 '/'의 표시가 있었다.

　'큰 물의를 일으킨 것에 대해 / 국민 여러분께 / 진심으로 / 사죄드립니다.'

　원고에 표시된 '/'은 무엇일까? 띄어 말해야 한다는 신호이다. 띄어 말하면 메시지의 감성을 보다 효과적으로 전달할 수 있기 때문이다. 특히 감정에 호소하는 감성 스피치에서 음의 변화와 띄어 말하는 습관은 정말 중요하다.

- 도산 안창호 선생님은 말씀하셨습니다. / "청년이 죽으면 // 민족이 죽는다."
- 이기적인 사람은 / 남이야 어떻게 되든지 / 자기만 잘살겠다는 / 마음을 가지고 있습니다.

다음의 문장을 보면 띄어쓰기가 없다. 한번 읽어 보자. 그리고 '/'과 '//'이 표시된 부분에서 띄어 말하기를 통해 다시 말해 보자. 띄어 말하기를 어떻게 하느냐에 따라 메시지의 감성은 다르게 전달된다.

'우리삶에서가장큰실수는할수있다는것에지속적으로두려움을갖는것입니다.'
'우리삶에서 / 가장큰실수는 // 할수있다는것에 / 지속적으로 // 두려움을갖는것입니다.'

글을 쓸 때 띄어쓰기는 항상 같은 간격으로 띄어 쓴다. 하지만 띄어 말하기는 같은 길이가 있지 않다. 말하는 사람의 표현 방식이나 평소 습관에 따라 다르게 말할 수 있다. 호흡을 위해 잠시 쉬어가는 띄어 말하기가 있는가 하면, 목적을 위해 일부러 길게 띄어 말할 때도 있다.

음의 변화 연습 (쉼)

지금 우리의 모습은 누가 만든 것입니까?
바로 과거의 내가 만든 것입니다. 지금에 만족하십니까?
바꾸고 싶지 않으세요? 희망과 기쁨, 행복과 사랑이 있는 삶!
미래의 내 모습은 그래야 되지 않겠습니까? 그 모습은 누가 만드는 것입니까?
지금 우리 스스로가 만들어 가는 것입니다.
행동해야 합니다. 그래야 변화를 만들 수 있습니다.
어제와 다른 오늘이 내일의 변화를 만들 수 있습니다.

길게 늘여서 강조

아이가 던진 공이 **멀리** 날아갔습니다.

아이가 던진 공은 **머~얼리** 날아갔습니다.

갑자기 **엄~청난** 태풍이 몰려왔습니다.

당신이 **정~말로** 원하는 것은 무엇입니까?

큰 소리로 강조

저는 희망의 증거가 되고 싶습니다.

저는 **희망**의 증거가 되고 싶습니다.

저는 희망의 **증거**가 되고 싶습니다.

작은 소리로 강조

그를 열렬히 사랑했지만, 그는 결국 내 곁을 **떠났습니다.**

연이은 사업 실패에 나는 좌절감에 **빠졌습니다.**

형은 키가 크고 힘이 세지만, 나는 작고 **나약합니다.**

오랫동안 나는 **절망 속에서** 살아야 했습니다.

그녀에 대한 **그리움**은 갈수록 깊어져만 갑니다.

자연스러운 구어체 표현 방법

먼저 아래의 문장을 낭독해 보자.

'우리는 지금 역사적 현장에 서 있습니다.'

대부분 말을 할 때 글의 띄어쓰기만큼 띄어 말하는 부분이 비슷하다. 그런데 '우리는 지금'에서 "우리는∨지금"이라고 띄어 말하는 사람이 있고, 빠르게 "우리는지금"이라고 붙여서 말하는 사람이 있다. 같은 표현으로 '하지만 나는'이라는 말을 할 때 "하지만∨나는" 이렇게 띄어 말하는 사람이 있고, 역시 빠르게 붙여서 "하지만나는"이라고 말하는 사람이 있다. 어떤 표현이 스피치나 커뮤니케이션에서 자연스럽게 들릴까? 당연히 붙여서 이야기하는 사람의 음성이 자연스럽게 들린다. 띄어쓰기가 있는 곳에서 띄어 말하기를 하는 것은 문어체의 표현으로 청중에게 딱딱함을 줄 수 있다.

'청중을 바라보지 않고 스크린만 보면서 진행하는 스피치는 청중의 집중력을 높일 수 없고 당연히 **전달력**, **설득력**이 떨어질 수밖에 없습니다.'

위 문장에서도 '전달력 설득력'에서 '전달력∨설득력'으로 띄어 말하기를 한다면 문어체적인 표현으로 자연스럽게 들릴 수 없다. 말을 할 때는 "전달력과 설득력"으로 표현하면 훨씬 자연스럽게 들리게 된다. 스피치는 이렇게 자연스러운 표현으로 말해야 한다.

공감 토크

힘들어하는 주변 사람에게 해줄 수 있는 최고의 공감 표현에는 어떤 것이 있을까?

공감을 위해 많이 사용하는 표현이 있다. "그랬구나!" "그랬었구나!"

요즘 학교 상담 선생님들을 학생들은 이렇게 부른다고 한다. "구나 쌤"

예전에 방송에서 김제동 씨가 했던 말이 기억이 난다. 자신의 힘든 상황에 대한 고민을 털어놓았는데 당시 유재석 씨의 말 한마디가 너무 고마웠다고 한다.

"제동아! 나라도 그랬을 거야!"

공감을 위해서는 잘 들어주는 것도 중요하다. 더 중요한 것은 말하는 사람의 마음을 들어주는 것이다. 그래서 유재석 씨의 말에 더욱 공감이 된다.

"나라도 그랬을 거야!"

좋은 음성을 위한 1%의 변화

살아오면서 오랜 시간 습관처럼 형성된 자신의 모습을 한순간에 바꿀 수 있을까? 사실상 거의 불가능한 일이다. 하지만 스피치를 잘하고 싶은 사람들은 대부분 잠깐의 교육을 통해 놀라운 변화가 생기기를 기대한다. 상담할 때 이런 모습에 대해 경계하고 주의를 주면서 조금씩 변화를 찾아가라고 주문한다. 하지만 쉽게 변하지 않는 자신의 모습에서 "그저 사람은 생긴 대로 살아야죠!" 말하며 포기하는 분들도 있다.

좋은 스피치를 위한 1%의 변화를 실천해야 한다. 작은 변화도 지속될 때 시간이 흘러 큰 변화를 맞이할 수 있다. 예를 들어 운전을 할 때 핸들 각도를 1도 돌리고 10~20m 정도를 주행하면 차의 도착 지점은 핸들을 반듯이 잡고 있을 때와 별반 다르지 않을 것이다. 하지만 100㎞, 200㎞를 가면 어떨까? 핸들을 반듯이 잡고 있을 때와는 전혀 다른 도착 지점에 서 있게 될 것이다. 스피치 역량을 계발하기 위해서는 이런 작은 변화의 지속된 실천이 필요하다.

개인적으로 스피치 성공의 절반은 음성적 변화에 있다고 말한다. 가수가 노래를 부르는 데 있어서 성량, 음색, 발음, 음색, 가사의 전달력 등이 중요한 것처럼 스피치도 자신이 설명, 설득하고자 하는 메시지를 좋은 음성(발성, 발음, 음의 변화)으로 전달하는 것이 중요하기 때문이다.

좋은 음성을 위한 1%의 변화를 위해 항상 조언하는 것이 바로 낭독 연습이다. 작은 소리로 낭독을 하면 효과가 없다. 평소보다 큰 소리로 또박또박 힘주어 낭독해야 한다. 이렇게 매일 조금씩 발성과 발음 연습을 하면 목소리의 힘을 키울 수 있고 자신감도 생긴다. 어느 정도 시간이 지나면 낭독을 하면서 글의 내용을 보고 감정을 이입하면서 연습하면 전달력이 좋아진다. 예를 들어 "많은 사람들이"를 낭독할 때 같은 음으로만 읽지 않고 "많~~은 사람들이" 하면서 '많'을 길게 발음하면 생동감이 더 느껴진다. 문장과 문장 사이, 단어와 단어 사이, 중요한 키워드 앞뒤로 적절한 쉼의 변화를 주면 효과적인 음성을 만들어 갈 수 있다. 이 모습은 하루아침에 만들어 낼 수 없다.

예전에 공기업에 다니는 수강생이 이런 말을 했다.

"처음에는 매시간 뉴스 기사 등을 낭독하는 것이 이해가 가지 않았습니다. 글을 모르는 것도 아닌데 앞에서 자꾸 낭독을 시키니까 '왜 이런 걸 여기까지 와서 해야 하나?' 생각했습니다. 하지만 지금 생각해 보면 기사를 계속 낭독하면서 효과적으로 전달하는 방법을 배울 수 있었습니다. 전달력이 좋아지고 주변 사람들이 제 말이 잘 들린다고 합니다. 많이 좋아진 것 같아 감사합니다."

스피치 교육을 받고도 자신의 모습을 크게 변화시키지 못하는 사람들이 있다. 대부분 자신의 음성, 자세, 표정, 제스처 등 스피치 습관을 바꾸지 못해서 변화가 생기지 않는 것이다. 발표 후 매번 같은 피드백을 해주지만 변화가 쉽지 않다. 나름대로 추구하는 스피치의 모습이 고정되어 있는 경우도 있다. 이럴 때 자주 사용하는 방법이 아나운서나 리포터의 모습을 따라 해 보는 것이다. 스튜디오 안에서 날씨 정보를 알려주는 아나운서, 현장의 느낌을 생동감 있게 전달하는 리포터의 음성을 먼저 듣고 같은 원고를 낭독시킨다. 한번은 내용을 전달할 때 툭툭 끊어지는 느낌이 있어서 빠르게 낭독하면서 중요한 키워드만 강조하는 낭독 연습을 집중적으로 연습시킨 적도 있다.

밝은 표정과 목소리로 소식을 전하는 리포터나 아나운서의 모습은 평소 쉽게 할 수 없는 행동이고 그래서 연습할 때 어색하기 마련이다. 하지만 변화를 위해서 지속적으로 리포터나 아나운서, 방송진행자의 스피치를 흉내 내고 따라 해 보면 변화를 쉽게 만들 수 있다.

인터넷을 통해서 쉽게 뉴스 동영상을 볼 수 있다. 그리고 대부분 뉴스 동영상 아래에는 방송 내용의 원고도 볼 수 있다. 뉴스를 전달하는 아나운서나 기자라는 생각으로 원고를 보고 전달하는 연습을 해 보면 좋다. 먼저 방송이나 인터넷으로 아나운서나 진행자의 모습을 시청한다. 그리고 원고를 빠른 속도로 낭독해 보고 그다음 뉴스의 핵심 키워드를 정리한다. 다음은 원고를 보지 않고 내용을 전달하는 연습을 해본다. 이때 내용이 잘 생각나지 않을 수 있다. 그래서 내용을 키워드로 압축해서 풀어내는 연습을 해야 한다. 마지막으로 방송을 본 자신의 소감을 덧붙여 말하는 연습을 해 보면 좋다. 이런 모습을 지속적으로 실천할 수 있다면 누구의 도움을 받지 않고도 스피치 역량을 개선시킬 수 있다.

【유머】

아내가 머리를 짧게 잘랐다. 그 모습을 보고 남편이 '형'이라고 놀린다. 짧은 머리도 맘에 들지 않는데 남편까지 '형'이라 놀려서 아내가 남편에게 버럭 화를 낸다.

"왜 자꾸 형이라고 해! 짜증 나니까 하지 마!"

엄마가 화를 내는 모습을 옆에서 지켜보던 아들이 아빠에게 말한다.

"아빠! 왜 엄마한테 형이라고 해요? 그러니까 엄마가 화내잖아요. 앞으로는 '형님'이라고 하세요."

2. 콘텐츠! 무엇을 어떻게 말해야 하는가?

스피치를 어렵게 생각하는 사람들의 공통적인 모습은 매번 긴 서론과 또 중간에 지나친 자기 자랑이나 주제와 상관없는 다른 이야기를 늘어놓으며 청중을 지루하게 만든다. 이런 분들은 발표를 마치고 스스로 자신이 무엇을 말하려고 했는지 모르겠다고 한다.

스피치를 할 때는 반드시 '무엇을 말하고 싶었고, 어떻게 표현하는 것이 좋을까?'에 집중해야 한다. 발표를 시작하면서 먼저 하고 싶은 메시지를 키워드로 압축하고 노출하면 된다. 그리고 노출한 메시지에 대한 간단하고 명쾌한 설명을 하고 마지막으로 가볍게 정리해 주는 연습을 해야 한다. 좀 더 여유가 생기면 메시지를 노출하기 전에 주의를 집중시키고 관심을 불러일으키기 위해 적절한 사례나 시사적 사건, 수사적 질문을 한다면 효과적인 출발이 될 수 있다. 그리고 마지막에서 감성을 자극할 수 있는 명언이나 격언을 통해 마무리하면 좋은 스피치가 완성된다.

지나치게 친절하게 설명하면 정작 자신이 하고 싶은 이야기를 하지 못할 때가 있다. 스피치가 어렵다고 생각된다면 빠르게 메시지를 노출하고 간결하게 표현하면 된다.

"오늘 제가 말씀드리고 싶은 내용은 바로 ○○○입니다. 저는 ○○○에 대해 두 가지로 말씀드리겠습니다." 그리고 메시지에 대한 부연 설명을 간단하고 명쾌하게 말하는 습관을 갖자. 내용이 조금 길었다면 마지막에 키워드로 압축해서 강조하면 효과적인 스피치가 될 수 있다.

스피치를 잘하는 사람들은 콘텐츠를 간결하고 명확하게 전달하는 특징이 있다. 평소 귀를 쫑긋 세우며 듣는 경우는 언제인가? 말하는 사람이 듣고 싶은 내용을 알기 쉽게 설명하고 있을 때다. 청중의 관심을 끌 만한 콘텐츠가 아니거나 내용 구성이 좋지 않아 중언부언하게 되면 청중의 관심과 경청을 기대하기 어렵다. 그래서 시간이 지날수록 청중이 원하는 양질의 콘텐츠와 간결하고 명확한 구성이 중요해진다.

콘텐츠를 효과적으로 전달하기 위해서는 첫 번째로 청중이 공감할 수 있는 콘텐츠를 사례나 경험, 근거를 통해 재밌고 논리적으로 설명해야 한다. 두 번째는 스피치의 시작과 끝부분에 키워드를 통해 강한 인상을 남기는 것이 필요하다. 사람의 기억은 처음과 마지막 부분이 인상적으로 남기 때문이다. 세 번째는 생동감 넘치는 언어, 유머를 통해 재밌게 표현을 해야 한다. 지루하거나 재미없는 스피치는 지양해야 한다.

스피치를 시작하면서 청중의 호기심을 자극하거나 주의를 환기시키는 도입이 있다면 스피치의 목적 달성이 수월해진다. 가장 쉬운 방법은 질문을 하는 것이다.

"오늘 저는 ○○에 대해 말씀드리려고 합니다. 여러분은 ○○에 대해 어떤 생각을 가지고 있습니까? ○○○씨는 어떻게 생각하세요?"

내용 구성할 때는 이성과 감성의 조화가 필요하다. 특히 청중의 감성을 자극할 수 있다면 설명과 설득이 더 수월해진다. 예를 들어 고인이 된 스티브 잡스는 프레젠테이션을 진행할 때 먼저 청중의 감성을 터치한다. 그리고 이성적으로 하나하나 설명을 하고 이후 다시 감성적 표현을 통해 애플과 아이폰을 최고의 히트 상품으로 만들었다.

"한 대의 아이폰은 32,000명의 고용을 창출합니다. 또 한 대의 아이폰에는 32,000개의 기술이 집약되어 있습니다."하며 청중의 감성을 터치하고 신제품의 새로운 기술을 이성적으로 하나하나 설명한다. 그리고 마지막 순간에 청중의 감성을 자극하고 무대를 내려온다. '여러분은 이제 이렇게 좋은 제품을 선택하고 구입하시면 됩니다.'라고 말하지 않는다. "여러분이 아이폰을 만나는 순간! 여러분은 새로운 세상과 만나게 됩니다."라고 말한다. 그리고 조명과 청중의 박수를 받으며 무대를 내려온다.

'무엇을 말할 것인가?' '어떻게 하면 보다 효과적으로 전달할 수 있을까?'에 대한 고민이 당신을 멋진 스피커로 변화시킬 수 있다.

【유머】

어떤 사람이 화장실 벽에 이렇게 낙서를 했다.
'신은 죽었다. - 니체'
그러자 그 밑에 다른 사람이 댓글을 달았다.
'니체 너 죽었다. - 신'
그리고 마지막에 이런 글이 적혀있었다.
'니네 둘 다 죽었다. - 청소 아줌마'

'노설반' 내용 구성법

스피치 내용 구성에서 항상 강조하는 것이 **노출**하고 **설명**하고 **반복**하는 '노설반'이다.

인터뷰 형태의 질문에 답변하는 방법은 먼저 질문을 되짚어주면서 노출하고 설명하고 반복하면 효과적이고 명쾌한 스피치가 될 수 있다. 예를 들어 '좋아하는 색이 무엇입니까?'라고 물어보면 "네. 제가 좋아하는 색은 빨간색입니다. 제가 빨간색을 좋아하는 이유는… 저는 이런 이유로 빨간색을 좋아합니다."라고 대답하면 된다.

주제 발표도 마찬가지로 구성할 수 있다. 예를 들어 '가장 좋아하는 친구에 대해 말해 보세요.'라는 주제를 받고 발표를 한다면 이렇게 구성하면 된다.

"안녕하세요! ○○○입니다. 저는 오늘 이 자리에서 제가 가장 좋아하는 친구에 대해 말씀드리려고 합니다. **(노출)** 제가 가장 좋아하는 친구는 ○○○입니다. **(설명)** 이 친구를 가장 좋아하는 이유는 두 가지입니다. 이 친구는 먼저 언제나 저를 지지해줍니다. **(중략)** 두 번째 이 친구는 정말 재밌습니다. **(중략)** 오늘 저는 제가 가장 좋아하는 친구 ○○○에 대해 말씀드렸습니다. **(반복)** 언제나 저를 지지해주고 웃음을 주는 친구 ○○○. 제가 가장 좋아하는 친구입니다. 발표를 마치겠습니다. 감사합니다."

'노설반' 형태로 내용을 구성할 때 가장 먼저 준비해야 하는 것은 어떤 메시지를 전달하려고 하는지에 대한 키워드를 준비하는 것이다. 키워드를 찾으면 노출하고 설명하고 반복하면서 명확하게 메시지를 남길 수 있다.

또한 내용을 설명할 때는 지나치게 많은 내용보다 세 가지 정도로 구분해서 간결하게 설명해야 한다. 짧은 스피치라면 가급적 두 가지 정도가 좋다. 예를 들어 학창 시절 교장 선생님의 말을 듣고 학생들의 반응을 상상해 보자!

- "주말 잘 보냈죠? 학교생활 잘하라고 **일곱 가지만** 이야기하겠습니다."
- "주말 잘 보냈죠? 학교생활 잘하라고 **한 가지만** 이야기하겠습니다."

아마도 학생들은 일곱 가지를 말하겠다는 교장 선생님의 말씀에 관심을 나타내기보다 짜증 섞인 반응을 보일 것이다. 하지만 한 가지를 말하겠다는 교장 선생님의 말씀에는 관심과 집중을 보이고 환호할 수 있다. 콘텐츠를 설명할 때 가급적 간결하게 표현해야 하고 가급적 세 가지를 넘기지 말아야 한다.

메시지를 빠르게 노출하자

지방에서 강의를 마치고 집으로 가는 길에 차 안에서 라디오를 듣고 있었다. 라디오 진행자가 게스트에게 이렇게 물었다.

"이번 앨범에서 가장 신경 썼던 부분은 무엇이었나요?"

질문을 받고 게스트는 이렇게 말했다.

"저는 사실 전문적으로 음악을 했던 사람이 아니고 아시다시피 전 연극배우입니다. 가끔 유명한 아이돌 가수가 연기 경험도 거의 없는데 연극 무대에서 바로 주인공으로 캐스팅되는 것을 보면 화가 났어요. 물론 연기를 잘하는 사람도 있지만 그렇지 못한 사람도 많거든요. 그러면 오랜 시간 연기를 했던 배우들이 상대적 박탈감도 느끼고 힘들 수밖에 없거든요. 물론 요즘은 아이돌 출신 중에도 연기를 정말 잘하시는 분들도 많은 것 같아요. 그분들은 정말 타고나신 것 같아요."

이렇게 한참을 이야기하고서 겨우 질문에 대한 답변을 하고 있었다. "그래서 제가 이번 앨범에서 가장 신경 쓴 부분은 연극배우가 음악을 하는 데 있어서 가수분들에게 어느 정도 인정을 받아야 한다고 생각했습니다. 그래서 아무래도 음악성에 대한 평가를 받고 싶어서 가장 신경을 썼던 것 같습니다."라고 말했다. 무난한 대화처럼 보일 수 있다. 하지만 듣고 있는 내내 답답했었다. 라디오 진행자와 질문을 받은 게스트의 대화를 듣는 순간 스피치에서 우리가 쉽게 놓치는 점을 찾을 수 있었다. 그것은 바로 명쾌한 스피치를 위해 '키워드, 핵심'을 먼저 노출하면 좋은데 그렇지 않은 모습이 많다는 것이다. 진행자는 분명 앨범에서 가장 신경 쓴 부분이 무엇이냐고 물었다. 그러면 대답은 어떻게 해야 했을까?

"제가 이번 앨범에서 가장 신경 쓴 부분은 ○○○입니다."라고 먼저 메시지를 노출하고 부연 설명을 해주면 보다 명쾌한 대답이 될 수 있었다.

스피치의 시작은 어떻게 해야 하는가?

스피치 교육에 참여하면 매시간 강의 주제와 관련하여 발표를 한다. 발표할 시간이 되면 수강생들은 발표할 내용을 열심히 메모하기 시작한다. 시작할 때 인사부터 끝인사까지 모두 메모하는 사람도 있다. 글이 잘 써져야 말도 잘한다고 생각하는 것 같다. 약간의 준비 시간을 그렇게 보내고 발표를 시작할 때는 인사 후 바로 정신없이 준비한 내용을 말하기 시작한다. 외운 내용이 머릿속에서 사라지기 전에 말하려는 것 같다. 중간에 생각이 나지 않으면 중언부언하다가 어찌할 바를 모르고 준비했던 원고를 읽기도 한다. 긴 원고를 쓰거나 외우려 하지 말고 여유를 갖고 키워드를 풀어내는 스피치를 해야 한다.

발표를 하기 위해 무대에 서면 인사를 하고 천천히 청중을 바라보면서 시작하면 좋다. 긴장이 될 때는 감추려 하지 말고 먼저 솔직하게 자신의 떨리는 감정을 청중에게 노출하고 천천히 시작해도 된다.

"멋진 발표를 위해서 나름 발표 내용에 대한 준비도 했는데 막상 앞에서 인사를 하고 여러분의 표정을 보니 아무 생각이 나지 않습니다. 많이 긴장됩니다. 그래도 시작해 보겠습니다."

자신이 발표할 내용에 대해 청중에게 질문을 해 보는 것이 좋다. 청중의 관심을 이끌어 낼 수도 있고 여유롭게 스피치를 진행할 수 있기 때문이다. 그 밖에 뉴스, 통계자료, 사실, 경험을 활용해도 좋고 유쾌한 분위기를 이끌 수 있는 유머를 사용해도 좋다.

"안녕하세요? ○○○입니다. 오늘은 행복에 대해 말씀드리고자 합니다. 여러분은 지금 행복하십니까? 행복은 무엇이라고 생각하세요? 어떻게 살아야 우리는 지금보다 더 행복할 수 있을까요?"

"앞에 보시는 자료는 지난달 통계청에서 발표한 내용입니다. 여러분 가정의 모습은 어떻습니까? 오늘은 가족이 더 가까워질 수 있는 방법에 대해 말씀드리겠습니다."

"세상에는 여러 부류의 사람들이 있지만 오늘 이 자리에는 두 부류의 사람들만 앉아 있는 것 같습니다. 바로 예쁜 사람과 잘생긴 사람만 앉아 계신 것 같습니다. 지금부터 제가 준비한 내용을 예쁘고 잘생긴 여러분들에게 말씀드리도록 하겠습니다."

"직장인들이 사장님에게 들었을 때 가장 기분 좋은 말은 '수고했어!'라고 합니다. 반대로 직장인들이 사장님에게 들었을 때 가장 기분 나쁜 말은 무엇일까요? '그동안 수고했어!'라고 합니다. 오늘은 일터에서 받고 있는 직무 스트레스에 대한 이야기를 해 보도록 하겠습니다."

수업 중 한 여학생의 '유기견'에 대한 발표를 큰 관심 없이 지켜보고 있었다. 초반 청중의 관심을 불러일으킬 만한 도입이 없었기 때문이다. 그런데 발표 중간에 SBS 'TV 동물농장'에서 소개된 음식물 쓰레기와 함께 버려진 '시월이'에 대한 이야기를 했다. 태어난 지 한 달밖에 되지 않은 강아지를 검은색 봉지에 싸서 음식물 쓰레기통에 버린 '시월이'의 이야기는 이후 발표 내용에 대한 관심을 높이는 계기가 됐다. 만약 도입 부분에서 '시월이' 이야기로 시작했다면 청중의 관심을 끌고 집중력을 높일 수 있었을 것이다. 그리고 유기견의 실태와 우리의 자세에 대한 여학생의 주장이 더 효과적으로 전달될 수 있었을 것이다. 그렇게 청중이 집중할 때 스피치의 목적은 달성될 수 있다. 그래서 스피치를 시작할 때는 청중의 관심을 이끌어 낼 수 있는 아이디어가 필요하다.

스피치는 단순히 준비한 내용을 말하는 것이 중요한 것이 아니다. 목적을 가진 스피치라면 반드시 청중의 주의를 집중시키고 관심을 불러일으킬 수 있는 도입이 필요하다.

청중의 관심을 이끌어 내는 방법

평소 스피치에 대한 자신감이 있는 사람과 없는 사람을 구별할 때 도입 부분을 본다. 시작할 때의 첫 멘트를 보면 확실해진다. 바로 본론으로 들어가는 사람은 준비한 원고를 한 글자도 틀리지 않고 말하려고 한다. 그래서 중간중간 시선은 천장으로 향하고 청중들의 반응이나 관심은 생각하지 않는다. 오로지 자신이 준비한 내용만 실수 없이 말하면 된다고 생각하는 것이다. 그런데 스피치를 잘하는 분들은 먼저 청중을 바라보고 자신이 전달하고자 하는 메시지에 관심을 불러일으키는 말을 던진다.

예를 들어 "건강하게 오래 살고 싶으시죠? 오늘 여러분에게 10년을 더 건강하게 살 수 있는 방법을 알려드리겠습니다."

청중의 관심을 이끌어 내는 좋은 방법으로 일반적으로 알고 있는 것에 대해 다르게 설명하는 것이다.

"오늘 저는 이 시대가 요구하는 리더의 모습에 대해 말씀드리려고 합니다. 여러분, 토끼와 거북이 이야기를 아시죠? 경주에서 누가 이겼습니까? 그래요, 거북이가 이겼습니다. 이 이야기는 우리에게 어떤 이야기를 하고 있습니까? 자만, 좌절하지 않고 열심히 노력하면 누구라도 해낼 수 있다는 교훈을 주고 있습니다. **하지만 저는 다른 생각을 가지고 있습니다. 이 이야기에서 거북이는 아주 나쁜 놈입니다.**" 알고 있는 것에 대해 반대로 이야기하면 청중은 집중하게 된다.

"토끼가 자고 있는데 깨우지 않고 그냥 혼자 결승점을 향해 갔습니다. 우리가 요구하는 리더십은 무엇입니까? 그래요, 함께하는 리더입니다. 거북이는 그런 리더가 아닙니다. 만약 거북이가 토끼를 깨워서 함께 가려고 했다면 더 이상 게임은 의미가 없어지는 것입니다. 같이 손잡고 결승점으로 갔을 것입니다. 만약 그 상황에서 토끼가 혼자서 먼저 결승점으로 갔다면 토끼가 나쁜 놈이 됩니다."

다른 예로 '외모 지상주의'에 대한 말을 할 때 '백설 공주' 이야기를 꺼낸다.

"여러분 '백설 공주' 이야기 다 아시죠? 백설 공주는 아주 나쁜 사람입니다. 심지어 비행 소녀입니다." 이렇게 시작한다면 청중의 관심도는 높아질 수 있다. 우리가 알고 있는 것에 반하여 이야기하기 때문에 청중을 집중시킬 수 있는 것이다.

"아버지가 새엄마를 데려오니까 백설 공주는 가출을 합니다. 그리고 일곱 난쟁이와 혼숙을 합니다. 그리고 잘생기고 멋진 왕자가 나타나자 백설 공주는 왕자와 함께 떠납니다. 그렇게 자신을 보호해줬던 키가 작은 일곱 난쟁이를 버리고 가버립니다. 작고 못생겼다고 자신을 위해 헌신했던 사람들을 버리고 잘생기고 멋진 왕자를 따라갑니다."

효과적인 스피치를 위해서는 청중이 듣고 싶도록 또 집중할 수 있도록 이끌어야 한다. 준비된 원고의 내용이 기억에서 사라질까 봐 빠르게 전달하는 것은 어쩌면 소음에 불과할 수 있다. 스피치는 청중의 관심을 끌고 집중시킬 수 있는 도입이 있어야 한다.

목적에 집중하라!

5분 스피치에서 5분 동안 긴장하지 않고 발표하는 것에 목표를 두고 이야기를 풀어 나가는 분들이 있다. 발표의 끝에 가서는 시간이 어느 정도 남았나를 생각하면서 의미 없는 말 잔치를 시작한다. 이런 분들은 5분이라는 시간에만 집중한다. 안타까운 모습이다.

분명한 것은 스피치의 목적이다. 자신에게 주어진 시간 안에 긴장하지 않고 말을 하는 것에 중점을 두기보다 주어진 시간 안에 자신의 생각, 느낌, 지식, 정보 등을 표현해서 상대방에게 효과적으로 설명하고 설득하려는 목적에 집중해야 하는 것이다.

간결한 표현이 좋은 스피치다

좋은 스피치는 무엇일까? 먼저 이야기하는 주제에 대한 설명이 명쾌하고 간결하게 전달되는 스피치이다. 전문가만이 알 수 있는 용어를 사용한다든지, 복잡하게 설명해서 정리가 안 되는 스피치는 오래 듣고 있기 어렵고 듣고 있어도 무슨 내용인지 알아듣지 못할 때가 있다. 그래서 스피치는 내용을 전달할 때 청중의 수준에 맞춰 쉽고 명쾌하게 전달할 수 있어야 하고 또 간결해야 한다.

아무리 좋은 이야기도 지나치게 길게 이야기하면 청중은 마음을 닫게 된다.

결혼을 한 사람들에게 '결혼식 주례사를 기억하세요?'라고 물으면 대부분 기억나지 않는다고 말한다.

"좋은 말씀인 건 분명한데 기억이 안 나네요!"

결혼식장에서 주례 선생님의 긴 주례사와 초등학교 시절 교장 선생님의 긴 훈시를 생각해 보자. '좋은 이야기지만 좀 짧았으면 좋겠다.'라는 생각을 하게 된다.

주례 선생님의 메시지는 분명 싸우지 말고, 이해하고, 사랑하며, 오래도록 행복하게 살기를 바라는 내용이며, 교장 선생님의 훈시는 잘한 부분은 칭찬해 주시고 잘못한 부분에 대해서는 지적과 충고를 통해 학생의 본분을 잃지 말고, 바른 인성을 통해 열심히 학업에 임하라는 가르침을 주시는 내용이 많다. 하지만 개인적으로, '너무 길다!'라는 생각을 지울 수 없다.

때로는 청중을 배려하는 마음으로 간결하고 명쾌한 메시지만 남겨도 좋을 것이다. 그러면 오히려 청중의 기억에 더 강렬하게 남을 수 있다.

영국 수상 처칠의 일화 중에 이런 이야기가 있다. 처칠이 옥스퍼드 대학 졸업식에 축사를 하기 위해 참석해서 이렇게 말했다.

"여러분! 살다 보면 어려운 일도 있기 마련입니다. 그런 상황이 닥쳐도 포기하지 마세요!"

그리고 처칠은 한동안 졸업식에 참석한 학교 관계자, 가족, 졸업생을 천천히 바라본다. 졸업식에 참석한 많은 사람들은 처칠이 다음에 무슨 말을 할지 지켜보고 있었다. 그 순간 처칠은 이 말만 남기고 무대를 내려왔다고 한다.

"절대로 포기하지 마세요!"

처칠의 일화를 보면서 개인적으로 '가장 좋은 스피치가 바로 이것이다!'라고 생각했다. 간결하고 명확하게 자신의 메시지를 남겼기 때문이다. 아마 그 자리에 있었던 청중도 처칠의 짧은 축사에 만족하지 않았을까?

우리의 모습은 어떠한가? 지자체 행사에서 강연을 의뢰받아 강의를 진행할 때 항상 볼 수 있는 모습이 있다. 기본적으로 국민의례가 진행되고 참석한 내외 귀빈 및 단체장들의 축사가 이어진다. 짧게 말씀하시는 분들도 있지만 가끔 준비한 긴 원고를 모두 읽고 내려가시는 분들도 있다. 그럴 때 행사에 참석한 시민들은 잠을 자거나 스마트 폰에 더 관심을 갖고 있고 하품과 함께 지루한 표정을 보이기도 한다. 쉽게 변하지 않는 모습이다.

짧은 말이지만 처칠의 메시지는 간결했고 분명하게 전달됐을 것이다. 좋은 스피치는 청중이 이해하기 쉬운 표현으로 간결하고 명쾌하게 전달해야 한다.

지나치게 친절하지 마라

　지나치게 친절하고 긴 설명은 상대를 지루하게 만든다. 또 친절하다는 느낌보다 답답한 사람이라는 이미지를 줄 수도 있다. 메시지를 간결하게 전달해야 한다. 하지만 말하는 사람은 자세히 말해야 상대가 좋아할 것이라고 착각한다.

　"어디 사세요?"라고 물으면 "제가 사는 곳은 복수동입니다."라고 짧게 답해도 된다. 하지만 지나치게 친절하게 말하려 하면 이렇게 답할 수도 있다.

　"네, 제가 사는 곳은 요 앞 버스 정류장에서 ○○○번 버스를 타고한 12개의 정류장을 지나면 ○○은행이 있는 사거리가 나오거든요. 거기서 내려서 우측으로 보면 작은 동네 슈퍼가 있습니다. 그 슈퍼를 끼고 돌아서 50m 앞에 보시면 파란 대문이 보이실 겁니다. 거기에 살고 있습니다."

　사람들은 짧고 간결하면서 명쾌한 스피치를 좋아한다. 지나치게 친절하고 자세한 설명은 피해야 한다.

　"어린 시절 가장 즐거웠던 시간은 언제였습니까?"라는 질문에도 "저는 어린 시절 집 앞 냇가에서 친구들과 물장구치고 물고기를 잡을 때가 가장 즐거웠습니다."라고 유년 시절의 추억을 간결하게 말하면 된다. 하지만 지나치게 친절해서 이렇게 말하는 사람도 있다.

　"제가 시골에서 자랐는데요. 제 고향이 전라북도 진안군 ○○면 ○

○리 ○○마을입니다. 지금 생각해 보면 정말 완전 깡 시골입니다. 도로도 비포장이구요. 아! 포장된 게 아마도 제가 중학교 졸업 때입니다. 버스 지나가면 먼지 장난 아닙니다. 비가 오면 그나마 먼지는 괜찮은데 길에 움푹 파여 있는 곳에서 물이 튀면 옷도 다 버리고… 아무튼 아주 시골입니다. 그런데 제가 어린 시절 생각하면 지금도 즐겁게 생각하는 것은 저희 집에서 걸어서 3분만 걸어가면 작은 냇가가 있는데요, 거기는 수심이 무릎 정도 됩니다. 물이 정말 깨끗했습니다. 아주머니들이 빨래를 하면 그 밑에서 친구들하고 많이 놀았습니다. 수영도 하고 물고기도 잡고… 그때가 가장 즐거웠습니다."

　인터뷰나 질문의 형태에서는 먼저 상대가 원하는 키워드를 노출하고 간결하게 부연 설명을 해주면 좋다. 기억하자! 청중은 지나치게 친절한 모습을 좋아하지 않는다.

인상적인 마무리 방법

스피치에서는 '시작이 반이다!'라는 말보다 '마무리가 반이다!'라는 표현이 더 잘 어울린다. 좋은 출발을 했지만 마무리가 깔끔하지 못하면 좋은 평가를 받을 수 없다. 하지만 출발은 평범했지만 감성을 자극하고 변화 행동을 이끌어 낼 수 있는 인상 깊은 마무리가 있다면 좋은 평가를 받을 수 있다.

인상적인 마무리를 위해서는 어떤 노력이 필요할까?

먼저 앞선 내용을 정리해서 청중에게 오늘의 주제를 각인시킬 수 있도록 키워드로 압축해서 반복하고 다시 강조해주면 좋다. 예를 들어, "지금까지 제 이야기를 들어주셔서 감사합니다. 발표를 마치겠습니다." 라고 말하기보다 "저는 오늘 여러분에게 ○○과 ○○에 대해 말씀드렸습니다. 우리가 ○○과 ○○을 선택하고 실천한다면, 어제와 다른 내일의 변화를 만들어 낼 수 있습니다. 이제 우리는 지속 가능한 새로운 성장 동력을 찾아야 합니다. ○○과 ○○에 대한 선택! 그리고 실천이 필요합니다. 마치겠습니다. 감사합니다."

두 번째는 전달력을 높이는 음의 변화를 가져야 한다. 음의 속도, 크기, 쉼 등의 변화가 있을 때 청중의 감성을 자극하고 변화 행동을 이끌어 낼 수 있는 감동적인 스피치가 될 수 있다. 예를 들어 "이제 우리는 지속 가능한 새로운 성장 동력을 찾아야 합니다. ○○과 ○○에 대한 선택! 그리고 실천이 필요합니다."에서 '○○과 ○○'을 말할 때 청중을 바라보며 긴 쉼을 주고 키워드를 하나하나 천천히 자신 있는 소리로 또박또박 말할 때 메시지는 청중에게 더 오래 기억될 수 있다.

또 '우리가 ○○과 ○○을 선택하고 실천한다면, 어제와 다른 내일의 변화를 만들어 낼 수 있습니다. 이제 우리는 지속 가능한 새로운 성장 동력을 찾아야 합니다.'에서 '우리가 ○○과 ○○을 선택하고 실천한다면'과 '어제와 다른 내일의 변화…'를 말할 때도 역시 청중을 바라보며 긴 쉼을 주고 말해야 전달력이 좋아질 수 있다. 같은 내용으로 '실천이 필요합니다.'와 '마치겠습니다.'라고 말을 할 때도 "실천이 필요합니다." 하고 나서 모든 청중을 다시 한 번 바라본 후 담담한 어조로 "마치겠습니다. 감사합니다."라고 말하면 감성을 자극하는 좋은 마무리가 될 수 있다.

마지막으로 스피치의 내용과 관련이 있는 스토리나 명언을 활용하면 효과적인 마무리가 될 수 있다. 예를 들어 "저는 오늘 변화에 대한 제 생각을 말씀드렸습니다. 마치겠습니다."라는 표현으로 마무리하기보다 "'실패는 과거 낭비한 시간의 보복이다.'라는 말이 있습니다. 지금 헛되이 보내는 시간이 언젠가 실패로 다가올 수 있습니다. 성공을 원한다면, 지금 바로 행동해야 합니다. 마치겠습니다."라고 말하면 보다 인상적인 마무리가 될 수 있다.

청중의 관심과 집중을 이끌어 내는 시작도 중요하다. 하지만 전달하고자 했던 메시지를 확실하게 각인시킬 수 있는 인상적인 마무리가 없다면 좋은 출발은 빛을 잃을 수 있다. 스피치의 목적을 달성하기 위해서는 감성을 자극하고 변화를 이끌어 낼 수 있는 인상적인 마무리가 필요하다.

스토리를 통해 메시지를 남겨라

기억에 남는 스피치를 위해서는 스토리를 통해 메시지를 남기는 것이 효과적이다. 스토리의 사실과 허구의 여부를 떠나 스토리가 있는 스피치는 재미있게 들리고 효과적으로 메시지를 전달할 수 있다.

스토리의 장점

- 메시지를 효과적으로 남길 수 있다.
- 스토리를 가지고 있어 지루하지 않다.
- 구체적인 경험, 여러 가지 사건을 재구성할 수 있다.

최근 '긍정의 의미를 찾고 감사의 에너지를 갖자!'는 메시지를 전하기 위해 SBS TV 프로그램 '힐링 캠프'에 출연했던 '이지선' 씨의 이야기를 자주 활용한다.

이지선 씨는 대학교 4학년 때 친오빠와 타고 가던 자동차가 마주 오던 차량과 부딪치는 사고로 인해 화재가 발생하고 그 사고로 온몸에 화상을 입었다고 한다. 당시 옆에 타고 있던 오빠가 불타는 자동차에서 이지선 씨를 구하고 바로 병원으로 이송되어 치료를 받았다고 한다. 이지선 씨는 병원에서 치료를 위해 온몸에 감고 있던 붕대를 풀었을 때 처음으로 전신의 화상을 입은 자신의 모습을 보게 되었고 당시 감당하기 힘든 현실 때문에 나쁜 생각과 행동을 많이 했었다고 말했다. 더 힘들었던 건 자신의 모습을 본 사람들이 '외계인'을 본 듯 쳐다보고 가까이 다가가면 뒷걸음으로 피하는 모습을 볼 때였다고 말했다. 그래서 자신을 구해준 오빠에게 "차라리 죽게 내버려두지 왜 살려났어? 이 모습으로 어떻게 살아가라고!" 하며 원망까지 했다고 한다. 그러던 이지선 씨가 방송에서 이렇게 말한다.

"예전에는 힘든 마음에 안 좋은 생각도 많이 했지만 지금은 정말 행복합니다. 그리고 모든 게 감사합니다."

이런 생각을 갖게 된 계기가 있었다고 한다. 심한 화상으로 손가락의 일부가 훼손됐지만 바닥에 떨어진 물건을 집을 수 있었고 그 순간 전에는 느끼지 못했던 손의 감사함을 느끼게 되었다고 말했다. 그리고 그때부터 모든 것에 감사의 의미를 부여하다 보니 지금은 정말 행복하다고 말했다. 이지선 씨의 방송을 보는 내내 반성도 하고 행복함을 느끼고 있었다. 그런데 방송이 끝나갈 무렵에 이지선 씨가 이런 이야기를 했다.

"TV를 시청하시는 분들이 저를 보면서 행복하지 않았으면 합니다."

방송을 보는 내내 덕분에 행복했고 감사했는데, 그렇게 말하는 이유가 궁금했다. 그래서 방송을 더 집중해서 보고 있었다. 당시 이지선 씨는 이렇게 말했다.

"TV를 보는 분들이 '저렇게 심하게 화상을 입은 사람도 행복하다고 말하는데 나 정도면 정말 행복한 사람이지!'라는 비교하는 마음으로 행복을 느끼지 않았으면 좋겠습니다. 그건 진정한 행복이 아닙니다. 그리고 지속되는 행복이 아닙니다. 저를 보고 그런 감정을 느끼는 분들이라면 카메라가 돌아 성유리 씨를 보는 순간 다시 불행해질 수도 있습니다."라고 말했다.

강의 중 "나는 지금 행복하다고 생각하시는 분 손들어 보세요!"라고 물으면 몇몇 분들만 손을 들고 있다. 대부분 귀찮아서 손을 들지 않는 모습도 있지만 질문을 받는 순간 행복한가에 대해 고민하고 있는 분들도 볼 수 있다. 아마도 이런 분들은 그 순간에도 머릿속에 비교의 잣대를 두고 있을 수도 있다.

'이 정도는 돼야 행복하다고 손들 수 있을 텐데… 이 사람 정도는 돼야 손들 수 있을 텐데…'

우리는 비교의 잣대를 자신보다 밑에다 두는 경우가 없다. 그래서 자신이 행복한가를 생각할 때 스스로 '아직은 조금 부족하다.'는 감정을 갖게 된다. 하지만 다른 사람에게 조언할 때는 어떠한가? 행복은 자신의 마음속에 있다고 조언한다. 스스로 '나는 행복하다!' 생각하고 바로 손들면 되는데 그게 쉽지 않다. 비교가 원인이다.

강의를 진행하면서 행복, 긍정을 위해서 '비교하지 말자!'라는 메시지를 남길 때 많이 인용하는 스토리이다. 이야기를 듣고 있는 많은 사람들의 시선에서 '그래! 비교하지 말자!'라는 무언의 대답을 느끼게 된다. 그냥 '비교하지 맙시다.'라고 말하기보다 스토리를 통해 이야기할 때 메시지는 훨씬 효과적으로 전달될 수 있고, 설명과 설득이 용이해진다. 스토리를 통해 메시지를 남기자!

메시지를 보다 효과적으로 전달하고자 하는 관심이 필요하다.

이성계: 대사는 꼭 돼지같이 생겼소이다.

무학대사: 그래도 대감은 부처처럼 보입니다. 돼지 눈에는 돼지가 보이는 것이고, 부처 눈에는 부처가 보이는 것이지요.

스스로 가족, 친구, 직장 동료를 어떤 시선으로 바라보느냐에 따라 그 사람을 대하는 자신의 모습도 달라질 수 있다. 좋아하는 사람은 좋은 모습만 보려 하고 싫어하는 사람은 좋은 모습이 있음에도 싫은 모습만 보려 한다. 그리고 "그래서 내가 너를 싫어하는 거야!"라고 말한다. 지금 당신은 주변 사람들을 어떤 시선으로 바라보고 있는가?

【스토리 예시】

· **행동하는 리더가 되자!** (간디의 일화)

강의 마지막 부분에서 리더가 먼저 행동하는 모습을 통해 조직을 변화시켜야 한다는 메시지를 전달할 때 많이 활용하는 스토리

인도의 정신적 지도자인 간디에게 한 어머니가 아들을 데리고 찾아와 이렇게 말한다.

"선생님, 제 아들이 사탕을 너무 많이 먹습니다. 그래서 이가 다 썩어 빠지게 생겼습니다. 제가 아무리 아들에게 사탕을 먹지 말라고 해도 제 말은 안 듣습니다. 하지만 아들은 선생님을 가장 존경합니다. 아마도 선생님이 사탕을 먹지 말라고 하면 아들이 말을 들을 것 같아 이렇게 찾아왔습니다. 제발 아들에게 사탕을 먹지 말라고 한마디만 해 주세요!"

어머니의 말을 들은 간디가 대답한다.

"알겠습니다. 대신 며칠 뒤에 다시 와 주세요!"

다시 와 달라는 간디의 말을 듣고 어머니가 다시 부탁한다.

"짧은 말인데 지금 해 주시면 안 될까요?"

"죄송합니다. 이유는 그날 말씀드리겠습니다."

어머니는 어쩔 수 없이 아들을 데리고 간디의 집을 나선다. 그리고 며칠 뒤 약속된 날에 아들의 손을 잡고 다시 간디의 집을 찾아간다. 약간은 퉁명스러운 모습으로 간디의 집을 들어서는 어머니를 발견하자 간디는 마당으로 뛰어나가 아들 앞에 무릎을 꿇고 이렇게 말한다.

"사탕을 이제 그만 먹는 게 좋겠구나. 사탕을 너무 많이 먹으면 이가 다 썩어 빠져서 나중에는 맛있는 음식을 봐도 먹지 못할 수도 있단다."

그리고 간디는 아이의 앞날에 축복을 빌어줬다.

존경하는 사람이 무릎을 꿇고 충고도 하고 축복도 기원해 주는데 거절할 사람이 있을까? 아이는 선뜻 대답한다.

"네, 알겠습니다. 선생님, 다시는 사탕을 먹지 않겠습니다."

아이의 약속을 들은 어머니는 간디에게 묻는다.

"이 정도 이야기면 지난번에 해 주셨어도 됐을 텐데 왜 다시 오라 하셨습니까?"

그러자 간디가 이렇게 답한다.

"제가 그날 사탕을 먹고 있었습니다."

강의에서는 간디의 일화를 통해 청중에게 이렇게 말한다.

"만약 간디가 입에 사탕을 물고 아이에게 '사탕 먹지 마라!' 했다면 아이는 어떻게 반응했을까요? 아마도 사탕을 먹고 있는 간디에게 '왜 당신은 사탕을 먹으면서 나에게만 사탕을 먹지 못하게 합니까?' 했을 것입니다. 그 순간 간디가 '나는 나이가 들어 괜찮지만 너는 그러면 안 된다.'라고 말했다면 아이는 어떤 생각을 하게 될까요? 아마도 더 이상 간디를 존경하지 않을 것입니다. 변화를 위해서 리더는 말을 먼저 내세우기보다 행동을 보여줘야 합니다. 그래야 조직의 변화를 이끌어 낼 수 있습니다."

[스토리 예시]

• 주도적인 사람 되자! (바람개비)

개인적으로 즐거운 변화를 위해 주도적인 행동을 해야 한다는 메시지를 전달할 때 활용하는 스토리

"여러분 바람개비를 아시죠? 바람개비는 언제 돌아갑니까? 네, 맞습니다. 바람이 불때 돌아갑니다. 그런데 어린 시절 바람이 불지 않을 때 우리는 바람개비를 돌리기 위해 어떻게 했습니까? 입으로 '후' 하며 불었나요? 아닙니다. 우리는 들고 뛰었습니다. 그때 돌아가는 바람개비를 보면서 어떤 마음이 들었습니까? 즐겁고 기뻤습니다. 힘들거나 짜증 내지 않았습니다. 생각해 보세요. 바람개비는 바람이 불 때 돌아갑니다. 바람이 불지 않는 날 우리는 바람개비를 돌리기 위해 땀을 뻘뻘 흘리며 들고 뛰면서 돌아가는 바람개비를 보고 즐거워했습니다. 웃을 일이 없다고 무표정하지 마세요. 바람개비를 들고 뛰던 그때처럼 먼저 입꼬리도 올리고 웃으려는 작은 실천이 필요합니다. 그 작은 행동이 여러분의 마음을 즐겁게 합니다. 그런 행동을 통해 우리는 긍정의 에너지를 키울 수 있습니다. 세상 모든 사람은 웃기는 상황에서 웃을 수 있습니다. 그렇지 않은 상황에서도 이제는 미소와 웃음을 먼저 선택하는 주도적인 여러분이 되길 바랍니다."

• 화가 나면 화를 먼저 다스려야 합니다 (에디슨의 일화)

발명왕 에디슨의 취미는 정원의 화초를 가꾸는 것이라 한다.

한번은 정원에 나와 보니 자신이 정말로 아끼던 화초가 꺾여 있었다고 한다.

화가 날 법한 일이다. 그런데 에디슨은 꺾인 화초 앞에 팻말을 세우고 쪽지에 메시지를 남겼다.

"꽃 도둑님! 다음에 꽃을 꺾을 때는 이 가위를 사용하세요!"

그리고 팻말 위에 가위를 올려놓았다.

며칠 뒤 팻말에는 또 다른 쪽지가 붙어 있었다.

"꽃 주인님! 당신이 준 가위가 잘 들지 않아 그냥 갑니다."

만약 당신이 아끼던 그 무언가가 훼손됐다면 어떻게 할까? 분명 화를 참지 못하고 범인을 찾으려고 주변 사람을 의심하게 될 것이다. 의심과 원망은 일상에 집중하지 못하게 하고 분노의 감정으로 인해 관계를 훼손시키기도 한다.

에디슨의 일화를 보면서 '화를 다스리는 법은 화를 먼저 다스리는 것이다.'라는 생각이 든다.

불이 나면 불을 먼저 꺼야 더 큰 피해를 막을 수 있다. 불이 났는데 방화범을 찾고만 있다면 어떻게 될까? 탈 수 있는 모든 것이 까맣게 다 타버리고 더 이상 태울 것이 없을 때 비로소 꺼지게 된다. 피해를 최소화하기 위해서 불이 나면 불부터 꺼야 한다.

마음에 불이 나면 우리는 어떻게 할까? 마음에 불을 지른 사람을 찾아 나선다. 그리고 그 분노를 상대에게 퍼붓는다. 상대도 가만히 있지는 않는다. 결국 서로에게 상처만 남긴다. 화가 나면 어떻게 해야 할까?

화가 나면 자신의 화를 먼저 다스려야 한다. 그래야 더 이상 피해가 생기지 않는다. 에디슨은 화가 났지만 그 순간 마음을 다스렸고, 다른 꽃도 보호할 수 있었다.

【스토리 예시】

・변화를 위해서는 도전해야 한다

새로운 변화를 위해서는 현실에 안주하기보다 '스스로를 더 귀찮게 하는 행동을 통해 변화를 만들 수 있다.'는 메시지를 전달할 때 사용하는 스토리

어떤 사람이 강을 건너기 위해 이른 아침 강가에 도착했다. 처음 생각은 헤엄쳐서 강을 건너려고 일찍 도착했지만 도착해 보니 강이 너무 깊고 멀어 보여 헤엄쳐서 건널 엄두가 나지 않았다. 배를 타야 하지만 돈을 준비하지 못했다.

아침 일찍 강에 도착한 사람은 나루터에 앉아 어떻게 할지 고민을 한다. 하지만 답을 찾지 못하고 오전 시간을 그냥 보내버렸다. 오후가 됐을 때 더 이상 고민해봐야 답이 없다는 생각을 하게 되고 무작정 배에 올라탄다. 그리고 강을 건너가는데 반대쪽 강가에 도착할 때쯤 사공이 뱃삯을 요구한다.

"죄송합니다. 제가 지금은 돈이 없지만 돌아오는 길에 이자까지 쳐서 드리겠습니다."

돈이 없다는 말을 들은 사공은 순간 재수 없다는 소리와 함께 뺨을 때리고 욕을 내뱉었다. 뺨 맞고 욕까지 들으며 강 건너에 도착한 사람은 맞은 뺨을 어루만지며 혼잣말을 한다.

"야! 뺨 맞고 건널 것 같았으면 아침 일찍 건너는 건데!"

무언가 해야 하는데 망설이고 있다면 과감하게 도전하는 것도 필요하다. 그래야 새로운 변화를 만들어 낼 수 있다.

'노설반' 내용 구성 연습

1. 가장 좋아하는 음식에 대해 말해 보세요!

- 먼저 음식에 대한 키워드를 생각하고 노출, 설명, 반복하면 된다.

노출	저는 오늘 제가 가장 좋아하는 음식을 소개하려 합니다. 제가 좋아하는 음식은 '○○'입니다.
설명	제가 '○○' 음식을 좋아하는 이유는 두 가지가 있습니다. 먼저 어머니의 손맛입니다. (중략) 두 번째 건강에도 좋습니다. (중략)
반복	저는 오늘 제가 가장 좋아하는 음식에 대해 말씀드렸습니다. 저는 어머니의 손맛을 느낄 수 있고 건강에도 좋은 '○○' 음식을 가장 좋아합니다.

2. 당신의 취미에 대해 말해 보세요!

- 먼저 취미에 대한 키워드를 생각하고 노출, 설명, 반복하면 된다.

노출	저는 오늘 제가 가지고 있는 취미에 대해 말씀드리려고 합니다. 저에게는 생각만 해도 즐거운 취미가 있습니다. 바로 '○○'입니다.
설명	제가 '○○' 취미를 갖게 된 이유를 두 가지로 설명드리겠습니다. 먼저 '○○'은 스트레스에 정말 좋은 것 같습니다. (중략) 두 번째 '○○' 취미생활을 통해 저에게 긍정적인 변화가 생겼습니다. (중략)
반복	저는 오늘 저의 취미와 관련하여 말씀드렸습니다. 제게는 스트레스를 이겨내고 긍정의 변화를 가져다준 '○○'하는 취미가 있습니다.

'노설반'에 기초해 내용을 구성해 보자!

- 행복하게 살아가는 방법에 대해 말해 보세요!
- 사랑하는 사람에 대해 말해 보세요!
- 여행, 책, 교육, 영화 등을 추천해 보세요!
- 자신만의 건강관리 방법을 말해 보세요!
- 이색적인 경험에 대해 말해 보세요!
- 힘이 되는 말을 소개하세요!
- 나이가 들었다고 느낄 때를 설명해 보세요!

【스피치 내용 구성】

- **주제**: 무엇을 말할 것인가?
- **목적**: 무엇 때문에 스피치를 하는가?
- **청중**: 대상은 누구인가?

- **도입**: 문제 제기와 어떻게 관심을 불러일으킬까? (사진, 동영상, 사례…)
- **서론**: 필요성과 주제에 대한 키워드 **노출**
- **본론**: 키워드 구분 / **설명**을 위한 구성, 표현 (사례, 비유, 자료…)
- **결론**: 무엇을 **반복**하고 강조할 것인가?
- **마무리**: 어떻게 인상적인 마무리를 할 것인가? (명언, 스토리…)

【스피치 내용 구성 연습】	(((•)))

주제:
청중:
목적:

도입	
노출	
설명	
반복	
마무리	

3. 비언어적 표현

비언어적 표현의 중요성

얼마 전 공무원 면접시험에서 탈락한 사람이 찾아와 자신이 왜 탈락했는지 이유를 모르겠다며 억울한 감정을 토로했다. 수차례 자신이 받았던 질문과 답변했던 내용을 상세하게 설명하며 몇 개월이 지났지만 지금도 자신이 탈락한 사실이 납득이 되지 않는다고 말한다.

"원장님이 보시기에는 제가 왜 탈락한 것 같습니까?"

"답변 내용 때문에 탈락했다고 말할 수는 없지만 답변할 때의 비언어적인 모습에서 면접관들이 공무를 수행할 수 있다는 신뢰감을 받지 못해서 탈락했을 수 있습니다."라고 답했다.

촬영을 통해 억울해하는 면접을 재연해 봤다. 면접관에게 받았던 질문도 그대로 다시 묻고 답변하는 내용과 모습을 지켜봤다. 촬영을 마치고 영상을 보여주면서 직장 생활의 단점을 표현한 자기소개와 일관성이 없어 신뢰를 주지 못했던 답변 내용과 시선, 표정, 손가락의 움직임, 발의 움직임, 구부정한 자세, 문어체적인 표현과 느리고 지루함을 주는 음의 변화 등 수없이 많은 부분을 지적했다.

"이렇게 면접을 봤다면 어느 곳에서도 탈락할 수밖에 없습니다."

"원장님 말씀 들으니까 제가 왜 탈락했는지 알겠네요!"

면접시험에서 자신이 탈락한 이유가 불공정한 평가 때문이라고 생각했던 사람은 실망한 표정으로 말했다.

개인적으로 프로 가수와 아마추어 가수의 차이를 시선, 제스처, 표정, 움직임 등의 비언어적 표현을 통해 노래의 감성을 잘 표현하는 능력이라고 생각한다. 가사의 발음과 노래의 음정을 틀림없이 표현하는 것도 중요하지만 무엇보다 감정이 담긴 시선과 표정, 손짓을 통해 전달되는 노래의 감성이 청중에게 더 큰 감동을 줄 수 있기 때문이다.

몇 년 전, '슈퍼스타 K'라는 오디션 프로그램 중 당시 최고의 화제가 됐던 로이킴과 정준영의 라이벌 공연에서 두 사람은 故 김광석의 '먼지가 되어'라는 노래를 불렀다. 최고의 무대라는 심사위원의 평가를 받았던 두 사람은 무대를 마치고 진행된 인터뷰에서 상당 부분의 가사를 틀리게 불렀다는 사실을 털어놓았다. 하지만 그 누구도 두 사람이 가사를 틀렸다는 사실을 알지 못했다. 단지 두 사람이 노래를 너무 잘했다는 생각만 했었다.

스피치도 마찬가지다. 발표할 원고를 틀리지 않고 정확하게 말하려고 내용을 떠올리며 천장만 바라보는 시선과 원고 내용이 생각나지 않아서 당황하는 표정, 어찌해야 할지 모르는 어정쩡한 제스처를 가지고 청중을 집중시킬 수 없다. 준비된 원고를 정확하게 전달하려고 하기보다 원고의 내용이 틀리더라도 당당하고 자연스러운 비언어적 표현을 통해 전달하고자 하는 메시지만 분명히 전달하면 된다.

상황에 맞는 모습이 필요하다

우리는 때와 장소, 대상, 콘텐츠에 따라 복장 등 외형적 요소를 달리

한다. 구직자는 면접을 볼 때 평소 집에서 입는 캐주얼한 옷차림을 하지 않고 정장을 입는다. 구직자가 면접에서 정장 차림이 아닌 평소 입고 다니는 편안한 복장이라면 어떨까? 면접관은 불쾌한 감정을 갖게 될 수도 있고 쉽게 신뢰하지 못할 것이다. 상황에 맞는 자연스럽고 적절한 외형적 모습(의상, 헤어스타일, 화장, 안경 등)이 필요하다.

아나운서가 힙합 가수들의 복장으로 뉴스를 진행하는 모습을 본 적이 있는가? 스피치 상황에서 외형적(액세서리, 화장, 헤어스타일, 의상 등) 모습이 청중의 신뢰를 높일 수도 있고 떨어뜨릴 수도 있다. 때론 복장만으로도 스피치의 목적을 보다 효과적으로 달성할 수 있다.

예를 들어 길거리에 쓰레기를 버리는 사람을 보고 평상복 차림으로 지나가던 사람이 잘못을 지적하고 정정하라고 말하면 어떤 반응을 볼 수 있을까?

"아저씨! 쓰레기를 여기에 버리면 안 됩니다. 쓰레기통에 버리세요!"

아마도 무슨 상관이냐며 시비를 걸어올 수 있을 것이다. 반대로 같은 상황에서 경찰복을 입고 있는 사람이 같은 말을 하면 어떤 반응을 예상할 수 있을까? 분명 **"죄송합니다."** 하며 얼른 쓰레기통에 버릴 것이다.

때론 눈매가 날카로워 호감을 주기 위해 안경을 착용하는 사람도 있고, 긴 머리를 짧고 단정한 헤어스타일로 자르는 경우도 있다. 콘텐츠나 상황, 대상에 맞는 외형적 모습을 통해 신뢰와 호감을 줄 수 있어야 한다.

【비언어적 요소 체크】

- 상황에 따라 옷을 잘 입는다.

- 화장, 헤어스타일이 잘 어울린다.

- 제스처를 적절하게 사용한다.

- 자세가 안정적이고 바르다.

- 눈 맞춤을 잘한다.

- 적절하게 움직이며 말한다.

- 표정이 다양하며 적절하다.

좋은 스피치를 위한 비언어적 요소

주변에서 말을 잘하는 사람들은 말을 할 때 손이 가만히 있지 않고 계속 무엇인가를 표현하고 있는 것을 볼 수 있다. 그리고 표정만 봐도 많은 것을 느낄 수 있을 정도로 비언어적 표현이 자연스럽고 적절하다.

"말할 것도 생각이 안 나는데 움직이고 제스처까지 어떻게 해야 할지 모르겠습니다. 그리고 앞에 서 있는 것도 어색해서 손을 어떻게 해야 할지도 모르겠습니다."

스피치 수업에서 자연스러운 비언어적 표현을 강조하지만 많이 어려워한다. 청중은 스피치의 내용을 귀로 듣지만 눈으로 발표자를 보면서 듣기 때문에 비언어적 표현이 매우 중요하다. 자세나 제스처가 어색하거나 청중을 불쾌하게 한다면 시각이 청각을 방해하게 된다. 아무리 좋은 내용이라도 청중은 더 이상 들으려 하지 않을 것이다.

스피치 상황에서 말과 제스처가 전혀 맞지 않는다면 어떨까?

예를 들어 "여러분은 어떻게 생각하십니까?"라고 말하고 10초쯤 지나서 청중에게 물어보는 제스처를 한다면 어떤 느낌일까?

"한 가지만 말씀드리겠습니다."라는 말을 할 때 손가락으로 3을 표현한다면 어떨까?

제스처는 무엇보다 어색함이 없이 자연스럽게 표현되어야 하고 자신 있게 활용해야 한다. 제스처가 자연스럽지 못하고 몸에 붙어서 작게 움직이면 자신감이 부족해 보이고 소극적으로 비친다. 말의 내용과 상황에 따라 다를 수 있지만 제스처는 가급적 자신의 가슴과 눈높이 정도의 높이에서 팔꿈치를 살짝 구부리고 그릴 수 있는 범위 내에서 크게 표현하는 것이 좋다. 포용하는 제스처나 질문하는 제스처에서는 손가락은 가볍게 붙여야 하고 강조하거나 중요한 키워드에서는 반드시 자신만의 제스처와 함께 표현하는 것이 효과적인 제스처 활용법이다.

다음으로 스피치 상황에서는 한자리에 서서 발표를 하기보다 자연스럽게 청중의 시선을 집중시킬 수 있는 움직임도 필요하다. 좁은 무대에서는 움직임이 없어도 괜찮지만 그렇지 않다면 보통 삼각형 형태로 움직이며 스피치를 하는 것이 좋다. 말을 할 때는 움직임을 멈추고 천천히 청중을 바라보면서 말해야 하고 움직일 때는 이동하는 방향에 있는 청중을 바라보며 자연스럽고 당당한 걸음걸이로 움직이는 것이 좋다. 이동을 멈추고 말을 시작할 때는 반대쪽에 있는 청중에게 먼저 시선을 주고 전체를 향해 말을 시작하면 된다. 그리고 스크린이나 칠판 방향으로 돌아올 때는 등을 보이지 말고 비스듬히 옆으로 걷는 모습이 필요하다. TV 방송 중 날씨 정보를 안내하는 아나운서의 모습을 보면 많은 도움이 된다.

마지막으로 자세는 먼저 양발에 균등하게 힘을 주고 반듯하게 서 있어야 한다. 이때 손은 어색하지 않게 살짝 깍지를 끼고 서 있거나 손등을 감싸는 모습으로 하면 좋다. 결코 바지 주머니에 손을 넣고 있거나 한쪽 다리에 체중을 싣고 있어서는 안 된다. 강연대에 서 있을 경우에는 기대지 말고 가볍게 양손을 강연대에 가볍게 올리고 이야기하면 좋다. 프레젠테이션의 경우 청중과 스크린을 동시에 편히 바라볼 수 있는 위치에서 반듯하게 서 있는 모습이 좋다.

자세, 움직임, 제스처 등은 쉽게 개선되지 않는다. 아무래도 오랜 시간에 걸쳐 만들어진 습관에 의해 나타나는 모습이라서 더욱 그렇다. 그래서 촬영을 통해 자신이 어떤 모습으로 스피치를 하고 있는지 비언어적 요소를 직접 확인할 수 있어야 한다. 현재 자신의 제스처, 움직임, 시선, 표정, 서 있는 자세 등 모든 비언어적 요인을 자세히 확인하고 개선해보자.

성공 스피치를 위한 비언어적 요인

과거 TV 예능 프로그램에서 출연자들이 주어진 단어를 몸으로 설명하고 맞히는 게임을 하던 모습이 생각난다. 예를 들어, '애벌레'라는 단어가 주어지면 한 출연자가 온몸으로 애벌레를 표현하고 그 모습을 보고 다른 출연자가 '애벌레'를 맞히는 게임이다. 그 밖에도 사자성어나 속담도 몸으로 표현하고 맞히는 게임을 아주 재밌게 봤던 기억이 있다.

말을 하지 않아도 생각보다 많은 것을 표현할 수 있다. 스피치를 단순히 '말하는 것'이라고 생각하는 분들이 많다. 틀린 말은 아니다. 하지만 몸으로 표현되는 부분이 말과 자연스럽게 어우러진다면 보다 효과적으로 전달된다.

한번은 수강생으로부터 기분 좋은 문자메시지를 받았었다. 대학원에서 발표하는데 이전에는 자신감이 없어 고생했지만 이번에는 잘했다는 칭찬을 너무 많이 받았다는 메시지였다. 기분 좋은 소식을 전해 준 것에 감사하며 '조금 부끄러워하는 것이 문제였지, 원래 스피치를 잘했어요.'라고 답장을 보냈다. 사실이 그랬다. 그 수강생은 목소리는 작았지만 또박또박 들리는 명확한 발음과 메시지를 분명히 남기는 간결한 내용 구성이 장점이었다. 하지만 지나치게 부끄러워하는 제스처나 자세, 그리고 청중을 바라보지 못하는 시선이 언제나 문제였다. 스피치에 고민이 있는 분들은 대체로 떨리고 자신감이 없다는 말을 많이 한다. 하지만 막상 스피치를 하는 모습을 보면 말과 다르게 잘하시는 분들이 있다. 겸손일 수도 있고 많은 사람들 앞에서 발표하는 것에 대한 어색한 느낌을 스스로 부정적으로 생각했을 수도 있다. 긴장이 되는 것은 어찌 보면 당연한 일이고 중요한 것은 자신의 콘텐츠를 명확하고 간결하게 표현하고 설명하는 것이다. 더불어 좋은 스피치를 위해서는 자신만의 자연스럽고 당당한 비언어적 표현도 필요하다.

록그룹 부활의 리더이자 '국민 할매'로 불리던 기타리스트 김태원 씨가 MBC 방송의 오디션 프로그램 '위대한 탄생'에서 멘토로서 참가자에게 조언을 해주며 이런 말을 했었다.

"프로 가수와 아마추어 가수의 차이는 가수가 노래를 부르는 동안 마이크를 잡지 않은 손이 자연스러우면 프로고 그 손이 어색하면 아마추어입니다."

프로 가수들이 노래를 부를 때는 표정, 손동작, 자세 등이 노래의 감성을 정말 잘 표현하고 있다는 것을 느낄 수 있다.

생각해 보면 가족이나 주변 사람들과 함께 노래방에 가서 노래를 부를 때 손 때문에 어색함을 느꼈던 적이 있다. 오른손으로 마이크를 잡고 노래를 부를 때 항상 왼손은 어색했다. 그래서 언제나 왼손의 엄지손가락만 바지 주머니에 넣고 나머지 손가락으로 박자를 맞추며 부르거나 아니면 두 손으로 마이크를 잡고 노래를 불렀던 기억이 난다.

그 모습이 어색해서 가끔은 노래를 부르는 것이 어렵게 느껴질 때도 있었다.

발표를 할 때 항상 같은 자리에 서서 아무런 움직임이 없이 말하는 수강생이 있다. 표정에 변화도 찾아보기 어렵고 손동작은 어쩔 수 없이 어쩌다 한 번 팔을 올렸다 내리는 수준이다. 처음보다 자신의 콘텐츠를 분명하고 간결하게 표현하는 스킬은 좋아졌지만 전혀 움직이지 않는 부동의 자세와 경직된 표정, 어색한 손동작이 전달 능력을 떨어뜨린다. 대화할 때처럼 자연스러운 모습이 필요하다.

스피치나 프레젠테이션의 비언어적 표현 능력을 개선하기 위해 평소 TV에서 날씨 정보를 알려주는 아나운서의 모습을 보고 따라 해 보라고 조언한다. 아나운서가 날씨 정보를 안내하면서 가만히 한자리에 서서 말할 때 손을 어떻게 하고 있는지, 움직일 때 시선과 보폭은 어느 정도인지, 또 화면에서 지역별 기온과 날씨 변화를 안내할 때 손동작, 표정, 시선, 그리고 자세는 어떻게 하고 있는지를 유심히 관찰하고 연습해 본다면 자연스럽게 비언어적인 요인을 개선할 수 있을 것이다.

【비언어적 요소를 통해 첫인상을 좋게 해야 한다】

첫인상이 좋은 사람의 실수와 첫인상이 나쁜 사람의 실수에 대해 반응

1. 첫인상이 좋은 사람의 실수:
 "사람이 실수할 수도 있지! 괜찮아! 다음부터 조심하면 되는 거야!"
2. 첫인상이 나쁜 사람의 실수:
 "내가 그럴 줄 알았어! 그거 하나도 제대로 못 해!"

스피치도 먼저 청중에게 호감을 줄 수 있는 비언어적 표현 스킬이 필요하다.

• 촬영을 통해 자신의 비언어적 모습을 체크해 보자!

눈부신 햇살에 오늘도 무척 포근합니다. 화사한 봄꽃들이 피어 있어서 봄기운을 물씬 느끼실 수 있는데요. 가볍게 산책 즐기기 정말 좋은 날씨입니다. 다만 일부 지방에 비 소식이 있습니다. 서울 등 수도권은 앞으로도 계속 맑은 하늘이 이어지겠고요, 충북과 경북 북부, 강원 영서지방에는 비 소식이 있습니다.

낮부터 늦은 오후 사이 5mm 미만의 비가 조금 내리겠는데요, 소나기성 비이기 때문에 잠깐 내리다 그치지만, 돌풍과 함께 벼락이 치는 등 요란하게 내리는 곳이 있겠습니다. 일부 지역은 우박이 떨어지는 곳도 있어서 안전사고에 유의하셔야겠습니다. 남부지방도 늦은 오후까지 산발적으로 빗방울이 떨어지는 곳이 있겠습니다.

이 시각 현재 서울은 19.7도를 보이고요, 광주 21도, 대구 22.9도로 전국의 기온이 20도 안팎까지 올라 예년 이맘때 봄 날씨가 이어지고 있습니다. 내일부터 이번 주말까지는 기온이 계속 오름세를 보이면서, 맑고 포근한 봄 날씨가 예상됩니다.

하지만 다음 주 초반에는 전국에 비 소식이 있습니다. 낮에는 이렇게 포근하지만, 아침저녁으로 쌀쌀합니다. 큰 일교차에 건강 잃지 않도록 조심하시길 바랍니다. 지금까지 날씨에 ○○○ 이었습니다.

이성을 사로잡는 방법과 스피치의 공통점

한번은 강의가 끝나자 한 청중이 다가와 이런 말을 한다.

"강사님! 강의 참 잘하시네요!"

그러자 옆에 같이 계시던 분이 이렇게 말한다.

"매일 강의하시는 분이니까 당연히 잘하는 거지!"

『파워 스피치』의 저자인 김은성 씨는 '스피치는 연애와 같다.'고 말한다. 아는 것이 많아야 하고 해본 사람이 잘한다는 이유이다. 연애를 잘하는 사람은 이성 교제를 많이 해본 사람, 이성에 대한 정보와 지식이 많은 사람, 이성에게 호감과 신뢰를 줄 수 있는 사람, 때론 완급 조절을 잘하는 사람이고 이런 면에서 연애와 스피치는 분명 공통점이 있다.

스피치를 잘하기 위해서는 평소 스피치를 할 수 있는 상황이 많을수록 좋다. 이성과의 만남이 많고 대화를 많이 해본 사람이 쉽게 분위기를 이끌어 갈 수 있는 것처럼 평소 스피치를 자주 할 수 있는 환경이 있다면 누구라도 스피치를 잘할 수 있다. 이성과의 만남이나 대화가 거의 없었던 사람은 초반에 대화를 어떻게 풀어가야 할지 당황하기 쉬운 것처럼 스피치도 할 수 있는 기회가 없거나 긴 공백이 생기면 감을 잡기 어렵다. 아주 매력적인 이성이 앞에 앉아 있다면 대부분 쉽게 말을 꺼내기 어려운 것처럼 스피치도 중요한 자리에서 잘해야 한다는 생각이 커지면 자신의 역량을 제대로 보여줄 수 없다. 오히려 '잘

안 될 수도 있다.' 생각하고 편안하게 대화할 때 좋은 결과를 얻을 수 있는 것처럼 스피치도 지나치게 잘해야 한다는 생각에서 벗어나 '좀 못할 수도 있다.'라는 생각으로 좀 더 편안하게 진행하는 마음이 필요하다.

매력적인 외모의 소유자가 쉽게 이성의 마음을 사로잡을 수 있듯이 스피커의 외모가 훌륭하다면 청중의 집중력은 더 좋아질 것이다. 하지만 외모가 전부는 아니다. 강의 중 가끔 이런 말을 한다.

"지금 이 자리에 조인성, 김태희 씨가 강의를 하고 있다면 여러분의 집중력은 어떻게 될까요? 아마 난리 나겠죠? 눈빛은 아주 초롱초롱 빛나고 무대에서 시선을 뗄 수 없을 것입니다. 하지만 모든 사람이 조인성 씨처럼 잘생길 수 없고 김태희 씨처럼 예쁠 수 없습니다. 영화배우 유해진 씨가 김혜수 씨의 마음을 사로잡은 것처럼 신뢰와 호감을 느낄 수 있도록 해야 합니다."

외모를 제외하고 청중에게 호감을 느끼게 하려면 어떻게 해야 할까? 먼저 무대 매너가 좋아야 할 것이다. 청중을 배려하는 자세와 복장, 친근하고 편안한 표정이 호감을 느끼게 할 수 있다. 이성과의 교제도 다르지 않을 것이다. 그 밖에도 지속적인 호감을 이끌어 내기 위해서는 듣기 좋은 음성에 명확한 발음, 그리고 해박한 지식으로 풀어내는 명쾌한 설명과 때론 위트 있는 모습이 필요할 것이다.

스피치를 잘하는 방법과 이성의 마음을 사로잡는 방법에는 분명 공통적인 요인들이 있다. 마지막으로 연애의 고수는 교제를 할 때 상대의 마음을 읽고 적절한 밀고 당기는 능력이 있다. 스피치도 청중 분석을 통해 청중이 무엇을 원하는지, 어떤 것에 관심이 있는지, 청중의 연령과 지식, 생활 수준을 고려한 내용, 때론 청중의 마음을 움직일 수 있는 감성을 적절히 활용하는 전개와 음성의 변화를 활용할 수 있을 때 고수가 될 수 있다.

표정과 몸짓으로 표현하라

스피치를 잘하는 사람들은 다양한 표정과 몸짓으로 생생하게 표현한다. 정신없이 이야기하다가도 때로는 웃는 얼굴, 슬픈 표정, 놀란 표정 등 다양한 표정으로 이야기한다.

"우연히 남자 주인공이 카페에 들어섰는데, 남자는 전화를 하고 있고 그 뒤편에 여자가 테이블에 앉아 있었는데… 고개만 돌리면 서로를 볼 수 있었는데… 어떻게 됐는지 알아?"라고 말하면서 몸짓과 표정이 자연스럽게 표현될 때 상대는 바로 "어떻게 됐는데?"라고 되묻게 된다. 드라마 장면이 쉽게 연상되면서 이야기에 빠져들게 된다.

반대로 표정에 변화가 없는 사람의 이야기는 쉽게 지루함을 느끼고 오래 듣고 있기가 어렵다. 이런 사람들의 음성은 밋밋하고 자세도 거의 고정으로 취하고 있어서 내용을 집중해서 듣지 않는 이상 오래 듣고 있기가 어렵다.

가끔 표정의 변화가 전혀 없는 교육생에게 '레몬 먹는 모습'을 표현해 보라고 요구한다. 보고 있는 사람들이 "어우!" 소리가 나올 수 있도록 표현해 보라고 한다. 실제 레몬을 먹는 것처럼 연기하고 표정에 신맛을 표현하면 입안에는 자연스럽게 침이 고이기 시작한다. 상대도 "어우" 소리를 내면서 어깨를 움츠리고 주먹을 살짝 쥐게 된다. 이때 얼굴은 미간이 살짝 떨리면서 찌푸려진다. 듣고 있지만 신맛을 느끼게 되는 것이다.

스피치를 잘하기 위해서는 이야기가 그림처럼 연상되고 듣고 있지만 느낄 수 있는 스피치를 해야 한다. 그래서 표정과 몸짓의 자연스러움이 필요하다.

소(笑)하면 통(通)한다

"진정한 성공은 얼마나 많이, 자주 웃느냐로 알 수 있다."

영국의 유명한 시인 에머슨이 한 말이다. 스피치의 성공을 위해서도 청중에게 웃는 얼굴을 보여야 한다. 무대에 서서 먼저 청중에게 미소를 보일 수 있다면 편안함과 호감을 줄 수 있고 효과적인 출발이 될 수 있다.

"운동은 어떤 사람이 잘합니까?"

강의 중 청중에게 이렇게 물으면 "선수가 잘하죠!", "운동신경이 좋은 사람이 잘하죠." 등의 답을 듣게 된다. 개인적으로 원했던 대답은 '자주 했던 사람'이다. 축구를 자주 한 사람은 그렇지 않은 사람보다 축구를 잘할 가능성이 높고 등산을 자주 해본 사람은 나이의 많고 적음을 떠나 안 해본 사람보다 잘할 수 있다. 운동이나 등산에서 필요한 근육을 평소 많이 써왔기 때문에 해보지 않은 사람보다 수월하게 할 수 있는 것이다. 웃음과 미소도 마찬가지다. 평소 잘 웃는 사람이 긴장되고 어려운 스피치 상황에서도 보다 쉽게 웃음과 미소를 보일 수 있다.

"고객을 만나러 가면 차에서 내리기 전에 1분만 크게 웃고 가세요!"

세일즈를 하시는 분들을 대상으로 진행하는 강의에서 자주 하는 말이다. 1분 정도 크게 웃고 고객을 만나면 인사할 때의 목소리와 표정이 달라진다. 고객에게 호감을 줄 수 있고 원하는 결과를 보다 쉽게 얻을 수도 있다.

잘 웃기 위해서는 반드시 버려야 할 것이 두 가지가 있다. 첫 번째로 '체면을 생각하는 마음'을 버려야 한다.

'내 체면이 있지, 그렇게는 못 할 것 같아!'

웃음이 필요하고 좋다는 것은 공감하지만 자신의 체면을 먼저 생각하기 때문에 잘 웃지 못하는 것이다. 두 번째로 '시선을 의식하는 마음'을 버려야 한다.

'아마도 나를 미쳤다고 생각할걸!'

주변 사람의 시선을 의식하면서 웃지 못한다. 다른 사람의 시선을 의식하는 마음을 버리고 지금 바로 웃는 연습을 해 보자! 스피치에 대한 자신감도 생기고 청중에게 호감도 줄 수 있다.

자신만의 몸짓언어를 가져라!

1. 좁은 무대에서는 가급적 이동을 삼가라.

2. 천천히 이동하거나 가급적 멈춘 상태에서 말을 해야 한다.

3. 양다리에 균등하게 힘을 주고 반듯이 서야 한다.

4. 바른 자세를 유지하기 위해 평소 거울을 보며 연습한다.

5. 거울을 보고 손과 팔의 움직임을 연습하고 촬영을 해본다.

6. 강조할 부분을 정해두고 사용할 제스처를 충분히 연습하라.

7. 내용에 따라 다양한 표정을 지을 수 있도록 연습하라.

청중에게 좋은 인상을 남겨야 한다!

1. **청중에게 좋은 인상을 남겨라!**

   - 스피치 상황에서 신뢰와 호감을 느끼게 해야 한다.

2. **바른 자세를 보여라!**

   - 청중은 눈으로 보고 귀로 듣는다.

   - 청중은 메시지보다 표정이나 행동에 더 민감하게 반응한다.

3. **최상의 컨디션을 조절하라.**

   - 복장에 투자를 해야 한다.

   - 표정 관리를 해야 한다.

   - 청중의 시선을 두려워해서는 안 된다.

- 오늘의 주제는 건강관리입니다. 편안하게 들어 주십시오.
- 우리는 고객과의 커뮤니케이션을 소중하게 생각합니다.
- 여성에게도 중요하지만 남성에게도 중요합니다.
- 이 제안서에서 여러분은 **한** 가지만 기억해 주시면 됩니다.
- 이 제품의 장점은 **세** 가지입니다.
- 이번 사건을 통해 우리는 반드시 생각해야 할 점이 있습니다.
  무엇보다 우리 사회가 갖고 있는 안전 불감증입니다.
  안전은 행복을 위한 첫 단추입니다.
  안전하지 못하면 우리가 추구하는 행복을 지킬 수 없습니다.
  모두가 행복한 사회를 위해 이제는 행동이 필요합니다.

여러분! 안녕하십니까? 저는 OOO입니다.

제가 오늘 여러분들에게 말씀드릴 주제는 '말을 잘하는 세 가지 방법'입니다.

말을 잘하기 위한 첫 번째 방법은 발표할 내용을 꼼꼼히 준비해야 한다는 것입니다.

두 번째 방법은 실전처럼 발표할 내용을 가지고 여러 번 반복해서 연습해야 합니다.

마지막 세 번째 방법은 반드시 하고야 말겠다는 용기를 가지는 것입니다.

이와 같이 발표할 내용을 철저히 준비하고 실전처럼 반복해 연습도 하고 잘할 수 있다는 용기까지 갖는다면 어떤 발표라도 우리는 할 수 있습니다.

저는 지금까지 여러분에게 '말을 잘하는 세 가지 방법'이라는 주제로 말씀드렸습니다.

경청해 주셔서 감사합니다.

(발표/촬영) 어린 시절 친구들과 함께 했던 놀이를 몸짓언어와 함께 표현해 보자!

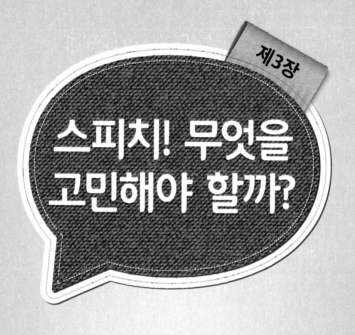

제3장

스피치! 무엇을 고민해야 할까?

즉흥 스피치 능력 키우기

독자를 배려하기 & 자신만의 콘텐츠 만들기

즉흥 스피치 능력을 키워야 한다

스피치, 연애, 운전은 많이 해본 사람이 잘한다. 왜 그럴까? 다양한 상황을 경험해 봤기에 어떤 상황에서도 당황하지 않고 문제를 해결할 수 있기 때문이다.

예전에 한적한 시골길에서 아내의 운전 연습을 도와주던 중에 있었던 일이다. 아내가 운전하는 차량 앞으로 덤프트럭 한 대가 천천히 오르막길을 올라가고 있었다. 그래서 따라가지 말고 2차선으로 진입해 천천히 주행하라는 주문을 했다. 아내는 말을 듣사마자 2차선으로 진입했다. 그런데 오르막길을 지나 내리막길에서 오토바이 한 대가 정말 느린 속도로 앞에서 주행하고 있었다. 그래서 아내는 다시 오토바이를 추월해 1차선으로 진입하려고 했다. 그런데 좀 전까지 천천히 달리던 덤프트럭이 빠른 속도로 내리막길을 주행하고 있었다. 그대로 1차선으로 들어가면 덤프트럭과 충돌이 예상되는 상황이었다.

속도를 줄이고 오토바이 뒤를 천천히 주행해야 하는 상황에서 아내는 순간 당황해서 오토바이를 추월하기 위해 높인 속도를 줄이지 못하고 그대로 오토바이와 충돌할 것 같았다. 급한 마음에 "브레이크 밟아! 속도 줄여!" 하며 소리쳤고 얼굴이 빨개진 아내는 무서워 운전을 못 하겠다며 잠시 뒤 차에서 내렸다.

면허증을 취득한 지도 오래됐고 아내는 분명히 운전을 할 수 있다. 그리고 주행할 때 속도를 줄이는 방법도 알고 있다. 자신감만 붙는다면 당장에라도 복잡한 시내 주행도 할 수 있을 것이다. 하지만 예상치 못한 상황에서 당황해 자신의 능력과 자신감을 순간 잃어버렸다. 다시 연습을 시작하기 위해서는 마음을 진정시키는 시간이 필요했다.

스피치도 이처럼 갑자기 전혀 예상치 못한 상황을 맞이할 때가 있다. 여유를 가지고 대응하면 되지만 순간 당황해서 유연하게 대처하지 못한다. 특히 경험이 부족한 사람일수록 유연한 대응이 어렵다. 개인적으로 갑작스러운 상황에서 당황했던 경험이 많이 있었다. 강의 준비를 하는데 갑자기 빔 프로젝터가 작동이 되지 않아서 당황했던 적이 있었다. 지금은 이런 상황에서도 여유 있게 강의를 진행할 수 있지만 초보 강사 시절에는 굉장히 힘들었다. 긴장도 되고 적당히 PPT 자료를 보면서 진행해야 되는데 빔 프로젝터를 사용하지 못하면 당황할 수밖에 없었다.

예상치 못한 갑작스러운 질문이나 돌발 상황에 대처하는 능력을 키울 때 스피치 역량은 좋아진다.

돌발 상황에 유연하게 대처하기 위해서는 먼저 콘텐츠에 대한 분명한 이해가 있어야 한다. 머릿속으로 전체적인 스피치 내용과 흐름을 그릴 수 있어야 한다. 그리고 전달하고자 하는 메시지를 키워드로 압축할 수 있어야 한다.

"그래서 당신이 하고 싶은 말이 무엇입니까?" 물으면 "바로 이것입니다."라고 말할 수 있을 정도로 준비해야 한다. 대충 알고 있는 내용으로 스피치를 하면 예상치 못한 상황에서 말을 못 하고 당황할 수 있다.

다음으로 자신이 진행할 스피치를 실전처럼 연습하고 녹음과 녹화 등의 방법으로 개선할 부분에 대한 점검과 보완이 필요하다. 막연한 생각으로 '이렇게, 이렇게 해야지' 해서는 상황의 변수에 따라서 전혀 다른 전개가 될 수 있기 때문이다. 지나치게 긴장하게 되면 내용 전개가 빨라지고 원치 않는 마무리를 해야 할 상황이 생길 수도 있다.

마지막으로 체계적으로 배워야 한다. 운동을 예를 들어보자. 골프, 당구 등을 코치에게 배우지 않고 주변 사람이 하는 모습을 어깨너머로 본 것을 가지고 키운 능력은 처음에는 빨리 숙달된 것처럼 보이지만 결국 발전의 한계가 있다. 반대로 체계적으로 배운 사람은 시간이 오래 걸릴 수 있지만 기본기가 충실해 기복이 적고 어느 순간이 되면 고급 스킬을 활용하면서 발전 폭이 커질 수 있다. 스피치도 마찬가지다. 전문가의 도움을 통해 체계적으로 배울 때 상황을 통제할 수 있는 역량을 키울 수 있다.

당신을 빛나게 하는 스피치 역량을 위해서는 반드시 돌발 상황을 유연하게 통제할 수 있는 능력을 키워야 한다.

【즉흥 스피치 요령】

- 무엇보다 침착하라!
- 키워드를 정하라!
- 어떤 방향으로 말할지 생각해라! (사례, 비교, 비유 등)
- 시작 멘트와 마지막 멘트를 생각하고 단어 위주로 간단하게 메모하라!
- 발표 시작 전 도입 부분의 멘트에 집중하고 키워드를 노출하라! (노설반!)

• **건배 제의**

1. 인사와 자기소개를 한다.

2. 건배 제의의 기회를 주신 분, 행사를 준비해 주신 분에게 감사를 표현한다.

3. 모임의 목적과 중요한 사항을 언급한다.

4. 감사와 축하를 하며 상황에 맞는 건배 제의를 한다.

5. 건배를 하고 박수로 마무리를 한다.

(예시)

안녕하세요! OOO입니다.

먼저 건배를 할 수 있도록 기회를 주신 OOO 회장님과 행사를 준비하느라 고생하신 OOO 총무님께 감사 말씀을 드립니다.

우리 모임은 지역사회의 발전과 어려운 이웃에게 나눔을 실천하려고 모였습니다.

함께 활동하면서 많은 것을 배우고 나눔의 즐거움도 느끼고 있습니다.

앞으로 더 많은 분들이 함께했으면 합니다. 저도 더욱 열정적으로 참여하겠습니다.

그런 의미에서 '행복을 나누자!'로 건배를 하겠습니다.

제가 '행복을' 하면 여러분은 '나누자'를 외쳐주시면 됩니다.

빈 잔은 모두 채워주시고

"행복을" "나누자!"

감사합니다.

• **축사**

1. 인사와 자기소개를 한다.

2. 참석한 주요 인사를 소개하고 청중에게 감사를 표현한다.

3. 모임의 목적과 방향, 현재의 모습 등 중요한 사항을 언급한다.

4. 자신의 목적과 다짐을 짧게 이야기한다.

5. 관심과 조언을 부탁한다.

6. 의미를 부여할 수 있는 짧은 스토리, 명언을 활용한다.

7. 감사 인사와 함께 마무리한다.

(예시)

안녕하십니까? 이번 포럼 회장 OOO입니다.

먼저 바쁘신 와중에도 자리를 빛내기 위해 참석해주신 OOO 님, OOO 님…을 비롯해 참석해주신 모든 분들께 감사드립니다.

(연단 옆에 서서 청중을 향해 다시 정중하게 인사를 한다)

저희 포럼은 ~~~ 목표를 가지고 출범하였습니다.

현재 우리 사회는 … 그리고 앞으로 ~~~ 노력이 필요합니다.

앞으로 저는 무엇보다 ~~~~에 중점을 두고 노력할 것입니다.

앞으로 많은 관심과 조언 부탁드립니다.

(잠깐 쉼을 갖고 청중을 바라보며 자연스럽게 말을 이어간다)

지금 이 자리에 저희 아들도 참석했습니다. 가끔 제 아들에게 '되지'라고 부를 때가 있습니다. 처음에는 굉장히 싫어했습니다.

아마도 뚱뚱하고 식탐이 많은 동물 '돼지'를 먼저 생각했기 때문입니다. 하지만 '되지'는 '하면 되지! 해 보면 되지!'라는 긍정의 의미를 갖고 이야기한 것이었습니다. 앞으로 포럼을 이끌어 가면서 긍정적이고 열정적인 모습을 통해 '되지 OOO'이 되겠습니다.

감사합니다(연단 옆에서 청중을 보며 정중하게 인사하고 무대를 내려온다).

목적에 집중하고 청중을 배려하는 스피치

스피치 수업 중 30여 년의 공직 생활을 마치고 퇴직하신 수강생의 발표를 지켜보면서 듣고 있는 다른 수강생들의 표정을 살펴보았다. 다들 쉽게 집중하지 못하는 모습이었다. 발표자가 지나치게 어렵고 관료적인 느낌의 단어를 사용하고 있어서 특히 젊은 수강생의 이목을 집중시키는 데 실패한 모습이었다. 아마도 '이런 스피치가 좋은 스피치야!'라는 고정관념을 갖고 있는 것 같다.

스피치를 잘한다는 것은 무엇일까?

먼저 청중의 이목을 집중시키는 것이다. 그러기 위해서는 먼저 청중이 관심을 가질 만한 콘텐츠를 제공하고 청중 분석을 통해 주의를 집중시킬 수 있는 도입이 있어야 한다. 대상에 따라 다른 이슈나 시사적 사건, 수사적 질문, 통계자료, 청중의 이익 등을 제공해야 하고, 청중의 수준에 맞는 표현을 해야 한다. 스피치를 잘하기 위해서는 무엇보다 '어떻게 하면 청중의 주의를 집중시킬 수 있을까?'에 대한 고민이 있어야 한다.

그리고 콘텐츠를 설명·설득하기 위해서 '어떤 사례를 이야기하는 것이 효과적일까?'에 대한 고민이 있어야 한다. 이때 자신의 경험담을 이야기하는 것이 가장 좋다. 자신의 실제 경험은 표현에 있어서 생동감이 넘치고 청중도 쉽게 공감할 수 있다. 하지만 자신의 경험을 이야기를 할 때 주의해야 할 점이 있다. 바로 지나친 자랑은 하지 말아야 한다는 것이다. 설령 자랑이 아니더라도 청중에게 그런 느낌으로 비치면 반감을 얻기 쉽다. '청중은 어떤 이야기를 좋아할까?', '무엇을 듣고 싶어 할까?'에 대한 고민이 있어야 한다.

마지막으로 쉬운 표현에 대한 고민이 필요하다. 문서에서나 볼 수 있는 단어나 어려운 고사성어, 외국어 등을 많이 사용하는 것이 자신의 품격을 높인다고 생각해서는 안 된다. 어려운 내용도 쉽게 표현할 수 있는 모습이 필요하다. 그래서 '어떻게 하면 쉽고 명쾌하게 설명할 수 있을까?'에 대한 고민이 있어야 한다. 청중은 잘난 척, 유식한 척하는 스피치에 쉽게 공감하지 않는다. 어떻게 청중을 집중시키고 어떤 사례를 통해 쉽게 설명할 수 있을지에 대한 충분한 고민이 좋은 스피치를 할 수 있게 한다.

지루한 스피치의 3요소

1. 음성의 변화가 밋밋하다.
   - 조용하고 작다.
   - 느리다.

2. 주제가 딱딱하고 어렵다.
   - 어려운 책을 보고 있는 것 같다.
   - 어휘나 단어가 지나치게 전문적이다.

3. 말하는 사람의 움직임이 없다.
   - 제스처가 작거나 거의 없다.
   - 표정에 변화가 없고 밝지 않다.
   - 자세가 바르지 않다.
   - 무엇보다 시선을 마주치지 않는다.

'다 알아듣겠지?'

메일을 보면서 일상에서 쉽게 범하는 커뮤니케이션의 오류에 대해 생각하게 됐다. 먼저 취업을 준비하고 있는 학생으로부터 온 메일이었다. 채용 공고를 보고 입사 지원 서류를 제출하기 전에 이력서와 자기소개서를 검토해 달라는 요청이었다. 그리고 이 학생은 '빠른 답변 부탁드립니다.'라는 메시지를 메일 하단에 굵은 글씨로 남겨놓았다. 또 다른 메일을 확인해 보니 강의를 요청하는 메일이 있었다. 구체적인 날짜와 함께 강의계획서와 강의 자료 등을 언제까지 보내달라는 메시지가 있었다. 순간 학생이 보낸 메일에 '빠른 답변 부탁드립니다.'라는 메시지가 생각났다. 학생이 말한 '빠른'이란 도대체 얼마의 시간일까? 일주일 안에 보내도 되는지, 아니면 지금 당장 보내야 되는 것인지 알수가 없었다. 전화를 해서 물어보려고 했지만 학생은 전화를 받지 않았다. 부재중 전화를 확인하고 바로 연락할 줄 알았는데 연락이 없었다. 빨리 보내주는 것이 낫겠다 싶어서 바로 검토하고 수정할 부분을 체크한 후 학생의 이력서와 자기소개서를 메일로 보냈던 적이 있다. 이 학생은 보름쯤 지나서 취업했다며 감사하다는 메일만 보내왔다.

커뮤니케이션에서 쉽게 범하는 착각이 있다. 바로 말하는 사람은 자신의 생각과 느낌을 듣는 사람이 온전히 다 이해하고 받아들일 것이라고 생각한다는 것이다. 하지만 정확하게 표현하지 않으면 듣는 사람은 자신의 생각이나 느낌만큼 상대의 말을 해석하게 된다. 커뮤니케이

선의 정확한 전달을 위해서는 상대방에게 중의적이고 애매한 표현을 하기보다 정확한 표현을 하는 것이 필요하다. 하지만 일상에서는 이런 표현들이 많이 사용된다.

"좀 더 주세요! 빨리 해주세요! 많이 주세요!"

'얼마나 더 주어야 하는가? 언제까지가 빨리 해주는 것인가? 많이는 어느 정도일까?'

케이블 방송을 시청하다 재밌는 장면을 보게 되었다. 유명 연예인의 자녀들이 출연해 서로 대화를 하면서 의미가 전혀 다른 사자성어를 같은 느낌이 있는 것처럼 표현했다. 재밌는 것은 의미가 다름에도 서로 다 알아들었다면서 고개를 끄덕이며 웃고 있었다. 서로가 메시지를 이해하는 것이 놀랍고 아이들의 엉뚱한 모습을 바라보는 것만으로도 재미있었다. 한참을 웃다가 문득 이런 생각이 들었다. '굳이 대화하는 도중에 쉽게 표현해도 되는데 잘 알지도 못하는 사자성어를 써야할까?' 제대로 이해하지 못하는 어려운 말이라면 굳이 사용할 필요가 없다는 생각이 들었다. 대화 중 자신의 지식수준과 환경을 알리기 위해 의식적으로 영어 단어, 사자성어를 불필요하게 많이 사용하는 사람들이 있다. 명함의 이름, 직책을 한문으로 기재하면 상대가 나의 이름이나 직책을 알 수 없는 경우가 생길 수 있다. 그렇게 되면 상대는 내 이름을 불러가며 편하게 말하는 데 어려움을 겪게 되는 것이다.

상대방이 이해할 수 없는 표현이라면 의미는 왜곡되거나 생략될 수 있다. 쉽고 정확한 표현이 더 좋은 모습이 아닐까 생각해 본다.

키워드를 남겨라

연말연시나 명절만 되면 휴대전화에는 수없이 많은 문자메시지가 오고 간다.

'행복한 연말 보내시고, 새해 복 많이 받으세요!' '감사합니다. 더 건강하시고, 행복하세요!'

주변의 가까운 사람들과 고마운 사람들에게 보내는 메시지에는 언제나 '행복, 건강, 감사'라는 키워드를 남긴다. 전화로 말을 하지 않고 문자로 안부를 전하는 모습에는 언제나 키워드가 있다. 물론 기계적인 느낌 때문에 감동을 주기는 부족하지만 분명 전달하고자 하는 메시지는 짧고 간결하게 전달하는 것이다.

가끔 수강생들의 발표를 보면서 아쉽게 느끼는 것은 쓸데없는 말이 너무 길어질 때이다. 전달하고자 하는 메시지를 키워드 중심으로 풀어가고 명확하게 메시지를 전달하기를 원하지만 말이 길어지면서 듣는 사람들에게 키워드를 쉽게 각인시키지 못한다.

경남대학교 학생들을 대상으로 '자기소개 스피치'라는 주제로 강의를 진행하면서 교육에 참가한 학생들에게 면접에서 할 수 있는 자기소개를 준비시켰다. 저마다 강의를 듣고 준비한 자기소개를 먼저 조별로 조원들 앞에서 발표를 진행했다. 발표를 마치고 이렇게 물었다.

"혹시 기억에 남는 자기소개가 있었나요?"

100여 명의 학생들이 조별로 12명 정도 앉아 있었기에 적어도 11명의 자기소개를 들을 수 있었다. 하지만 '기억에 남는 자기소개가 있었습니까?'라는 질문에 손을 든 친구들은 얼마 되지 않았다. 나름 준비해서 발표를 했을 텐데, 자신의 강점을 인상 깊게 표현하지 못했기 때문에 다른 사람들이 기억하지 못하는 것이다. 왜 그럴까? 이유는 간단하다. 바로 자신의 강점을 '키워드'로 남기지 못했기 때문이다. 자기소개를 할 때는 쉽고 명쾌하게 각인시킬 수 있는 '키워드'가 있어야 한다.

참가 학생들 중 기억에 남는 자기소개가 있었다.

"안녕하십니까? 사기꾼 ○○○입니다. 제가 사기꾼이라고 말씀드린 이유는 평소 선배나 친구들이 힘들어할 때 사기를 높여주기 위해 유머나 재미있는 말을 많이 해주고 있기 때문입니다. 언제 어디서나 함께하는 사람들이 지치고 힘들 때 사기를 높여줄 수 있는 ○○○. 기억해 주세요! 감사합니다."

이 학생의 자기소개가 기억에 남는 이유는 '사기꾼'이라는 키워드 때문이다. 내용 전체를 기억하진 못하지만 부정의 의미를 갖는 '사기꾼'을 긍정의 의미로 해석해서 자신을 소개한 부분이 인상 깊었다.

스피치! 반드시 키워드를 남겨야 한다.

스피치! 청중 분석이 중요하다

전문 강사로의 꿈을 갖고 있는 수강생의 강의를 지켜본 적이 있다. '성공 취업'이라는 주제에 대해 처음에는 잘 풀어가는 모습이 있었지만 중간에 갑자기 이런 생각이 들었다.

'지금 누구를 대상으로 이런 강의를 하고 있을까? 강의 내용이 저학년이면 괜찮겠지만 당장 취업을 해야 하는 고학년이라면 원하는 내용이 아닐 수도 있는데…'

취업에 대한 관심과 노력을 기울이고 있는 대학생을 대상으로 '성공취업' 강의는 좋은 콘텐츠임에는 분명하다. 하지만 대상에 따라 전달해야 하는 메시지와 강조해야 할 메시지는 달라야 한다. 저학년 학생이라면 자기분석을 통해 자신이 하고 싶고 이루고 싶은 목표를 먼저 설정하고 계획에 따라 스펙을 관리하는 모습이 필요하다고 말할 수 있지만, 취업을 앞둔 고학년이라면 실질적인 취업 역량을 강화하기 위한 스킬(최근 기업의 채용 동향, 입사서류 작성, 면접 질의·응답, 이미지 메이킹 등)에 대해 강의하는 모습이 필요할 것이다.

수강생이 발표를 마치자 이렇게 물었다.

"지금 어떤 대상이 앉아 있다 생각하고 강의를 진행하셨나요?"

스피치는 좋은 콘텐츠를 제공해도 청중이 원하지 않는다면 좋은 콘텐츠가 될 수 없기 때문이다. 무엇보다 청중이 듣고 싶어 하는 콘텐츠를 제공해야 한다. 그러기 위해서는 청중 분석이 먼저 필요한 것이다.

개인적으로 청중 분석을 제대로 하지 못해 부끄럽게 생각하는 기억이 많이 있다.

구미에 있는 일본 회사에서 강의를 진행할 때의 일이다. 강의를 듣는 대부분의 사람들은 한국인이었지만 일본인 관리자도 있었다. 통역하는 직원이 마이크를 통해 이어폰을 끼고 있는 일본인 관리자들에게 작은 목소리로 통역해 주면서 진행되었지만 한국인 직원들 위주로 강의를 진행했었다. 말도 빠르고 한국인의 감성에 맞는 유머를 섞어 진행하는 강의에 통역도 어려움을 겪었을 것이다. 강의가 끝나고 일본인 관리자들에게 미안한 마음이 들었었다.

한번은 초·중·고 학생들이 한자리에 모여 있는 곳에서 스피치 강의를 진행한 적이 있다. 평소 대학생과 성인들을 대상으로 진행한 강의 내용을 가지고 그대로 진행했었다. 강의 중간 내용을 알아듣지 못하는 초등학생들의 표정을 보면서 강의 준비가 부족했음을 느낄 수 있었다. 청중 분석을 제대로 하지 못했던 것이다. 물론 중·고등학생들은 열심히 메모하는 모습을 볼 수 있었지만 초등학생들에게는 아무래도 어려운 내용과 표현이었을 것이다.

스피치는 대상에 따라 표현을 다르게 해야 한다. 연령, 학력, 직업, 성별 등의 요인을 파악하고 청중이 쉽게 이해할 수 있는 어휘, 단어 등을 통해 이야기해야 한다. 지나치게 어려운 전문용어를 사용하면 이해하지 못할 수도 있고, 외래어의 발음이 나쁠 경우 집중력을 떨어뜨릴 수도 있다.

몇 년 전, 한 병원에서 직원들을 대상으로 '행복 만들기!'라는 주제로 강의를 진행할 때 있었던 일이다. 대부분 여성 직원들이 많은 상황에서 교육을 주관한 직원이 "야한 이야기 좀 많이 해주세요! 직원들이 좋아할 겁니다."라고 주문해서 당황했던 적이 있었다. 기억하는 야한 유머가 없었기 때문이다. 그래서 급하게 인터넷에서 몇 가지 유머를 메모해 사용했던 적도 있었다.

생산직에 근무하는 남성분들을 대상으로 강의를 진행할 때는 평소와 다른 청중의 분위기를 당연하게 생각해야 할 때가 있다. 다른 곳에서 강의할 때 굉장히 유쾌하게 진행됐던 유머나 이야기에 좀처럼 반응을 보이지 않기 때문이다. 그래서 더 준비하고 집중하게 된다.

스피치는 상황 의존적인 요소가 많다. 평소 잘해왔던 스피치도 대상에 따라 잘 풀리지 않는 경우가 있다. 자신 있는 주제도 무엇보다 청중 분석을 통해 다르게 준비해야 한다.

자신만의 콘텐츠를 만들어 보자

가끔 스피치 교육이나 특강을 마치고 나면 강사가 되고 싶다며 찾아오는 분들이 있다. 이런 분들에게 언제나 어렵지 않은 일이라고 말한다. 그리고 자신만의 콘텐츠를 만들고 강의 연습을 하라고 조언한다.

자신이 현재 하고 있는 일에 대한 지식이나 정보, 스킬, 경험, 그리고 특별히 관심을 갖고 있는 부분은 주변 사람과의 대화에서 열정적으로 이야기할 때가 있다. 강의나 스피치도 그렇게 하면 된다. 자신 있는 콘텐츠라면 누구라도 잘할 수 있는 것이다. 지금 하고 있는 일에 내한 지식, 경험 등은 다양성의 측면에서 많은 사람들에게 좋은 정보가 될 수 있다. 자신만의 콘텐츠를 만들고 연습을 해 보면 어떨까? 그런 노력이 새로운 직업을 위한 것이 아니더라도 분명 스피치의 즐거움을 키울 수 있게 한다.

【자신만의 콘텐츠 연습】

주제: 그래도 ○○○입니다(ex. 건강, 행복, 가족, 친구…).

청중:

목적:

도입	
노출	
설명	
반복/ 강조	
마무리	

제4장

스스로를
더욱 빛나게 하는
설득 스피치

설득력 & 유머 & 공감 & 자기노출

설득력을 높이는 스피치

중학교 선생님들을 대상으로 스피치 강의를 요청받은 적이 있다. 매일같이 학생들 앞에서 강의하시는 분들에게 어떤 교육을 해야 할지 고민하다가 '선생님들의 생각과 지식이 학생들에게 어떻게 하면 설득력 있게 전달될 수 있을까?'에 집중하게 됐다.

아리스토텔레스는 "설득은 학습을 통해 배울 수 있는 또 하나의 기술이다."라고 말했다. 그리고 설득에는 세 가지 요소가 있다고 했다. 바로 이토스(Ethos), 파토스(Pathos), 로고스(Logos)이다. 그 옛날에도 설득이 필요했던 이유는 억울하게 도둑 누명을 쓰면 설득을 통해 자신의 결백을 밝혀야 했기 때문이다.

첫 번째, 이토스(Ethos)는 메시지를 전달하는 사람의 모습으로, 단순히 외적인 모습뿐만 아니라 평소 주변 사람들에게 보여준 내적인 모습(인격)이 설득에 있어서 중요한 요소가 된다는 것이다. 평소 신뢰와 믿음을 주는 주변 사람의 말에 우리는 쉽게 동의하기 때문이다. 그 사람의 인품이나 인격을 알고 있기 때문에 '이 사람의 말이라면 믿을 수 있다.'라고 쉽게 생각한다.

영업 사원이 제품의 장점과 특성을 열심히 설명해도 구매를 결정하기 쉽지 않을 때, 평소 신뢰하던 사람이 "이거 정말 좋더라! 나도 쓰고 있는데, 진짜 좋아!"라고 말하면 영업 사원의 말보다 더 설득력이 생긴다. 평소 인격과 인품을 신뢰하는 사람이 누명을 쓰고 억울해하고 있다면 우리는 대부분 이렇게 말할 것이다.

"이분은 절대 이런 일 하실 분이 아닙니다."

주변 사람들을 쉽게 설득할 수 없다면 이유는 평소 상대에게 신뢰를 주지 못한 모습이 있을 수 있다. 설득력을 높이기 위해 먼저 신뢰를 주지 못한 자신의 문제는 무엇인지 생각해 보자.

말하는 모습에서 진정성을 느끼게 되면 설득이 잘된다. 가끔 스캔들에 휘말린 연예인들이 억울함을 호소하기 위해 기자회견을 할 때가 있다. 그리고 억울한 부분을 표현할 때는 눈물을 흘리며 이야기하는 모습을 볼 수 있다. 그전까지는 '소문이 괜히 났겠어?'라고 생각했던 사람들 중 눈물을 흘리며 말하는 모습에서 진정성을 느끼면 이런 생각으로 바뀌기도 한다. '아닌가 봐! 얼마나 억울하면 저럴까?'

평소 말과 행동이 일치하는 사람의 말에 설득이 잘 된다. 일터와 가정에서 '웃으며 살자! 웃으며 일하자!'라고 말하는 사람들이 있다. 이때 말하는 사람이 웃지 못하고 매일같이 인상만 찌푸리면서 이런 말을 한다면 듣는 사람의 행동에 변화가 생길 수 있을까? 아마도 기대하기 어려울 것이다. 설득력을 높이는 스피치를 위해서는 언행일치하는 모습과 평소 당신이 보여준 인격과 인품에 의해 달라질 수 있다. 설득력을 키우기 위해서는 먼저 신뢰를 줄 수 있는 모습부터 만들어야 한다.

두 번째, 파토스(Pathos)는 듣는 사람의 심리 상태를 이야기하는 것으로 듣는 사람이 대화에 관심을 보이고 편안함과 즐거움을 느낄 때 설득이 용이하다는 것이다. 그래서 상대의 관심을 끌고 집중시키기 위한 노력이 필요하고 칭찬, 격려, 호감을 주는 모습 등이 필요하다. 무언가 이야기하고 설득하려 할 때 상대가 "나 지금 바빠!"라고 말하면 어떨까? 관심을 끌고 이야기에 집중할 수 있도록 만들어야 설득이 용이해진다.

얼굴에 미소가 있어야 상대를 편안하게 해준다. 기분 좋은 감정을 공유하면 설득이 쉬워진다. 서비스업에 종사하시는 분들이 손님 앞에서 언제나 미소를 잃지 않는 것도 같은 이유이다. 또 상대와 시선을 주고받아야 한다. 눈을 보지 않고 설명하는 말에서는 설득력이 없고 심할 경우 거짓처럼 느껴질 수도 있다. 눈을 마주치지 못한다면 당연히 설득력이 떨어질 수밖에 없다.

자신의 이상형에 가까운 잘생기고 예쁜 사람이 당신을 설득하려 접근한다. 어떤 반응을 보일까? 호감도가 높아지면서 그렇지 않은 사람의 말보다 더 집중하게 될 것이다. 상대의 관심과 공감을 이끌어 낼 수 있는 자신만의 매력, 장점을 극대화하는 것도 설득을 높이는 방법이다.

세 번째, 로고스(Logos)는 상대방의 결정을 정당화시킬 수 있는 근거를 제공하면서 논리적으로 말하는 모습이다. 우리는 이런 부분이 설득에 가장 중요하다고 생각하지만 설득에 대한 영향력은 이토스 60%, 파토스 30%, 로고스 10%라고 한다.

설득력을 높이는 스피치는 논리적으로 말을 잘하는 것도 중요하지만 평소 타인에게 비친 자신의 인격, 언행일치하는 모습을 통해 신뢰를 주는 것이 무엇보다 중요하다.

【설득의 방법】

1. 주장에 대한 보장 근거를 가지고 논리적으로 접근해야 한다.

　- 의견을 세분화해서 표현해야 한다.

　- 공신력 있는 자료, 데이터 등을 통해 근거를 제시해야 한다.

2. 사람들의 심리를 이용해 관심을 끌어내야 한다.

　- 기대 가치와 보상하기: "잘 들으세요! 10%의 수익률이 생길 수 있습니다."

　- 사람들이 알고 있는 것에 다르게 말을 하면 관심을 끌 수 있다.

3. 사람들의 욕구를 파악하라! (경청)

4. 일관성 있게 말해야 한다. (목적을 가지고 설득해야 한다)

5. 호감을 줄 수 있는 이미지를 만들어야 한다. (외모, 복장, 헤어, 표정, 시선 등)

6. 공공의 신뢰나 믿음을 줄 수 있는 공신력을 높여야 한다. (경험, 사실 등)

7. 진정성이 느껴지는 자신감 있는 소리가 필요하다.

SBS 드라마 '육룡이 나르샤'에서 정도전이 백성을 설득시키는 장면을 보면서 설득에 대한 생각을 정리해봤다.

캄캄한 저녁, 많은 사람들이 모여 있는 곳에서 수레에 문서를 가득 쌓아 놓고 정도전은 이렇게 말한다.

"이것이 무엇입니까? 바로 여러분이 빼앗긴 땅의 주인을 명시한 문서입니다."

사람들은 놀란 눈으로 수레에 쌓여 있는 문서를 바라본다. 정도전은 자신의 주장을 설득시키기 위해 먼저 주의를 집중시킨 것이다. 설득을 위해서는 청중이 이야기에 집중할 수 있도록 먼저 주의를 집중시키는 것이 필요하다. 그리고 정도전은 설득을 위한 시간을 저녁으로 정했다. 아무래도 저녁 시간은 사람들의 감성이 풍부해지기 때문에 마음을 움직이기 좋은 시기인 것이다. 히틀러가 2차 대전 당시 독일 사람들을 설득하기 위해 붉은 노을이 지는 초저녁에 주로 연설을 했다고 한다.

정도전은 또 이렇게 말한다.

"정치란 무엇입니까? 간단합니다. 누구에게 빼앗아 누구 배를 채울 것인가를 정하는 일입니다. 저들은 여러분의 땅을 빼앗아 자기들의 배를 채웠습니다. 저는 이제 정치를 하려 합니다. 이것들은 여러분이 피땀으로 일궈낸 땅입니다. 저는 여러분의 땅을 빼앗은 자들에게 다시 땅을 빼앗아 여러분에게 돌려줄 것입니다."

정도전의 이야기에 사람들은 환호한다. 정도전이 자신들이 원하는 것을 제시했기 때문이다. 정도전은 사람들이 원하는 것을 일깨워 준 것이다. 설득을 위해서는 무엇보다 청중이 마음속으로 원하는 것을 이야기해야 한다.

그런 다음 정도전은 사람들에게 변화의 필요성을 이야기하고 행동을 요구한다.

"땅이 썩어버리면 여러분은 어떻게 합니까? '화전'을 합니다. 불로 다 태워버리고 새롭게 땅을 일굽니다. 이 썩어 빠진 문서! 어떻게 해야 합니까? '화전'처럼 다 태워버리고 새롭게 만들어야 합니다. 그것을 누가 할 수 있겠습니까? 해본 사람이 할 수 있는 것입니다."

그런데 사람들은 '화전'의 경험이 없다고 망설이고 있었다. 이때 정도전과 같은 목표를 가지고 있는 이방원이 이렇게 말한다.

"어찌 그것을 '화전'을 해본 사람만이 할 수 있겠습니까? 불을 질러 본 사람도 할 수 있는 것입니다."

그리고는 먼저 문서에 불을 붙이는 용기를 보여준다. 이방원의 행동을 보고 사람들이 다가와 함께 문서에 불을 붙이는 모습을 볼 수 있었다. 그렇게 문서를 모조리 태워버렸다.

스피치도 해본 사람이 잘한다. 하지만 해보지 않은 사람도 잘할 수 있는 것이다. 많은 사람들 앞에서 스피치는 해보지 않았더라도 평소 대화를 열정적으로 했던 사람이라면 조금만 노력해도 잘할 수 있다.

청중의 변화를 이끌어 내기 위해서는 먼저 행동하는 모습을 보여주는 것이 필요하다. 그래야 청중의 신뢰를 얻을 수 있는 것이다. 그리고 설득의 메시지는 청중이 이해할 수 있는 쉬운 표현으로 해야 한다. 드라마에서 정도전의 역할을 맡은 배우는 설득의 메시지를 전달할 때 청중의 눈을 바라보며 진정성 있고 힘 있는 목소리로 말했다. 설득을 위해서는 청중의 시선을 바라보며 힘 있는 목소리로 말해야 하는 것이다.

【설득 스피치 방법】

1. **주의를 집중시킨다.**
   "이것이 무엇입니까? 10년 된 구렁이입니다."

2. **관심을 불러일으킨다.**
   "특히 10년 넘은 구렁이가 ○○에 좋습니다."

3. **원하는 바를 깨우친다.**
   "요즘 몸이 약해서 무언가 해야겠다는 생각을 하죠?"

4. **행동, 반응을 불러일으킨다.**
   "바로 그런 증상에 이게 '딱'이야!"

설득은 먼저 상대의 주의를 집중시켜야 한다. 정신없이 무언가에 집중해 있는 사람에게 아무리 좋은 이야기를 해도 상대의 귀에는 들어오지 않는다. 그래서 상대를 집중시킬 수 있고 관심을 불러일으킬 수 있는 메시지가 필요하다. 상대에게 이익이 될 수 있는 부분을 강조해 주면 효과적인 방법도 될 수 있고, 웃음과 재미를 제공하는 것도 방법이 될 수 있다. 상대가 이야기를 들을 준비가 되면 이제는 상대가 원하는 바를 일깨워 줘야 한다. 그러려면 설득의 대상자에 대한 정보가 사전에 필요하다. 상대가 원하는 바를 얻기 위해서는 내용에 대해 확실한 보장 근거를 제공하면서 논리적으로 이야기를 풀어나가야 한다.

이때 중요한 것은 분명한 메시지를 전달하는 것이다. 주먹구구식으로 이야기를 하다가 갑자기 엉뚱한 스토리로 전개하면 일관성이 없어 상대의 집중력도 떨어지게 마련이다. 일관성 있게 간결하고 명확한 내용 전개를 통해 메시지의 요점을 정확하게 전달해야 한다. 그리고 마지막으로 상대의 반응이나 행동을 이끌어 내면 되는 것이다.

스피치는 상황 의존적이다. 상황에 따라 변수가 생길 가능성이 높아 예상대로 스피치가 진행되지 않을 수 있다. 똑같은 사람은 없다. 사람의 성격이나 유형마다 설득의 방법도 달라야 한다.

먼저 자신의 능력이나 모습을 과시하는 사람들이 있다. 이런 사람은 대체로 말이 많은 모습이 있는데 이런 유형의 사람들을 설득하기 위해서는 감정에 호소하는 방법이 가장 효과적이다. 그리고 일 중심적이고 성취욕이 강한 사람은 감성적 접근은 효과가 없으며 오히려 경쟁심을 유도하거나 이익을 제시하는 부분이 설득을 용이하게 할 수 있다. 분석하고 꼼꼼하게 생각하는 사람에게는 공신력이 있는 자료를 통해 통계자료, 데이터를 보여주고 대안을 제시하는 방법이 효과적이다. 마지막으로 우호적인 태도를 갖고 있는 상대라면 관계를 중시하는 모습이 많기 때문에 대화 중에 맞장구를 치거나 수긍해 주는 모습이 좋다.

설득은 상대방의 행동에 변화를 만들어 내는 것이다. 무엇보다 진정성을 보이고 열정적인 모습이 필요하다.

달인들의 설득 노하우

1. 부정적인 생각을 버리고 자신감을 가져라.

2. 상대방이 마음을 여는 순간은 반드시 찾아온다.

3. 상대방이 원하는 것을 파악하라! (경청)

4. 데이터를 통해 근거를 제시하라. (중립, 적대적인 대상)

5. 한국형 설득을 활용하라. (호의, 친근함, 성실)

6. 먼저 거절할 수 있도록 하라.

7. 설득의 목표를 분명히 하라.

【설득의 6원칙】

1. 상호성: 받으면 해줘야 한다는 생각이 있다.

　　ex. 마트 시식 코너, 영업 사원에게 이유 없이 식사 대접을 받으면 부담스럽다.

2. 일관성: 번복이 없이 일관된 모습을 보여줘야 설득이 용이하다.

　　ex. '○○ 전문, 30년 전통, 원조'라고 적힌 간판을 보고 선택하는 경우가 많다.

3. 사회적 증거: 많은 사람들이 선택한 것은 이유가 있다.

　　ex. 가장 많이 팔린 제품이 가장 좋을 것이라 생각하는 모습이 있다.

4. 호감: 잘생기고 예쁜 사람의 말에 보다 쉽게 설득된다.

5. 권위: 상을 많이 받거나 높은 지위를 가진 사람에게 설득이 잘된다.

　　경력이 많은 전문가의 말에 의심 없이 설득되는 경우가 많다.

6. 희귀성: 한정 판매, 마감 직전 판매량이 늘어난다.

머리가 아니라 마음으로 설득하라

"**사람은 95%의 이성으로 판단하고 5%의 감성으로 결정한다.**"는 말이 있다. 설득을 위한 스피치라면 무엇보다 감성을 자극하는 모습이 필요하다. 개인적으로 스피치 교육에서 '감성을 자극하는 스피치가 청중의 변화 행동을 이끌 수 있는 설득에 가장 중요한 핵심'이라고 강조한다. 스피치의 꽃은 마지막에 청중의 감성을 자극하는 것이다. 마무리가 좋으면 변화 행동을 보다 쉽게 만들어 낼 수 있다. 시작은 50점짜리 스피치라도 마지막이 100점짜리 스피치가 된다면 청중은 100점짜리 스피치로 기억할 것이다.

예를 들어 미래의 행복과 성공을 위해서 본론에서 행복과 성공을 위해 어떤 노력을 해야 하는지를 이성적, 논리적으로 설명하는 것도 중요하지만 마지막에 청중의 마음에 강렬하게 각인될 수 있는 감성 스피치가 필요하다는 것이다.

> "저는 오늘 여러분에게 / 목표의 중요성을 / 이야기했습니다. // 간절하고 / 분명한 / 목표를 가져야 합니다. / 그래야 열정이 생깁니다. // 제가 개인적으로 좋아하는 말이 있습니다. // '어디에 있느냐가 중요한 것이 아니라 // 어디를 향해 가고 있느냐가 중요하다.' // 조용한 사색의 시간을 통해 / 스스로 어디를 향해 가고 있는지, 답을 찾아보는 시간을 가져보세요! // 가까운 시간에 스스로 답을 찾는다면 // 여러분은 행동하게 됩니다. / 그렇게 변화는 시작됩니다. // 마치겠습니다. / 감사합니다."

"저는 오늘 여러분의 성공과 행복한 삶을 위해서 여러 가지 이야기를 했습니다. 중요한 것은 여러분의 행동입니다. 제가 개인적으로 좋아하는 명언이 있습니다. '불행은 과거에 낭비했던 시간의 보복이다.' 여러분이 시간이 흘러 실패와 성공하지 못했다고 느끼는 감정은 과거 그 어떤 시간 여러분이 알고 있던 것에 대해 행동하지 않았던 그 시간의 보복이 될 수 있습니다. 행동하는 모습을 통해 여러분이 성공하고 행복했으면 합니다. (길게 쉰다) 그랬으면 합니다. (청중을 바라보며 길게 쉰다. 그리고) 마치겠습니다. 감사합니다."

설득을 통해 변화 행동을 이끌어 내기 위해서는 청중의 감성을 터치하고 마음을 움직여야 한다. 감성을 자극하는 스피치를 위해서는 명언이나 짧은 스토리를 통해 이야기하는 모습이 좋다. 이때 목소리의 변화와 긴 쉼, 시선 등이 매우 효과적이다.

명언 모음

1. 지나고 나면 결국에는 다 웃어넘길 수 있는 것들이다. - 찰리 채플린

2. '어떻게 말할까' 하고 괴로울 땐 진실을 말하라. - 마크 트웨인

3. 나는 신발이 없음을 한탄했는데 거리에서 발이 없는 사람을 만났다. - 데일 카네기

4. 실패로부터 배운 것이 있다면 이 또한 성공이다. - 말콤 포브스

5. 습관을 조심하라! 운명이 된다. - 마가렛 대처

6. 습관보다 더 강력한 것은 없다. - 오비디우스

7. 배움은 미래를 위한 가장 큰 준비이다. - 아리스토텔레스

8. 인간은 스토리를 만들어 살아가는 동물이다. - 아리스토텔레스

9. 소문은 현명한 자에 이르러 비로소 멈춘다. - 순자

10. 꿈꾸지 않는 자에게 결코 절망도 없다. - 버나드 쇼

11. 기회는 준비된 자에게 찾아온다. - 루이 파스퇴르

12. 인생에 있어서 가장 중요한 일은 자기 자신을 발견하는 것이다. - 난센

13. 행복은 경험하는 것이 아니라, 기억하는 것이다. - 오스카 레반트

14. 누구에게나 배울 점이 있다. - 명심보감

15. 시간은 각자가 가진 고유의 재산이고, 유일한 재산이다. 그것을 어떻게 사용할 것
    인지 결정할 수 있는 것은 오로지 자신뿐이다. - 칼 샌드버그

16. 많은 사람이 재능의 부족보다 경험의 부족으로 실패한다. - 빌리 선데이

17. 세상에서 가장 여린 것이 가장 단단한 것을 뚫는다. - 노자

18. 져도 좋다. 하지만 왜 졌는지 분석해야 한다. 그래야 다음에 이길 수 있는 것이다.
    - 김성근

19. 누군가가 해내기 전까지 모든 것은 '불가능한 것'이다. - 부르스 웨인

20. 과거로 돌아가 새 출발을 할 수는 없다. 하지만 새로운 엔딩은 만들 수 있다.
    - 칼바트

설득력을 높이는 유머 스피치

말하는 사람의 호감도가 높아지면 설득이 잘된다. 호감을 주기 위해서는 외형, 외모적인 요소도 중요하지만 스피치에 있어서는 유머가 무엇보다 필요하다. 결혼하고 싶은 사람, 함께 일하고 싶은 사람에서 언제나 빠지지 않고 이야기하는 사람이 바로 유머러스한 사람이다.

'나를 즐겁게 해주는 사람의 이야기에 더 집중이 잘된다.'

영국의 수상 처칠이 연설을 하러 계단을 오르다 넘어진 적이 있다. 그 모습을 보고 청중들이 웃음을 보이자 연단에서 첫마디로 이렇게 말했다고 한다.

"여러분들이 또 웃을 수 있다면 저는 언제라도 넘어질 수 있습니다."

청중들은 박수를 보내며 처칠의 말에 더 집중할 수 있었다고 한다. 처칠은 설득을 위해서 유머가 매우 중요하다고 말하기도 했다.

유머를 통해 설득을 위한 좋은 분위기도 만들 수 있다. 성공한 세일즈맨의 유머를 활용한 일화를 살펴보자.

무작정 회사에 찾아가 사장님에게 이렇게 말한다.

"안녕하십니까? ○○○ 씨 소개로 사장님을 뵈러 왔습니다."

"그래요! 반갑습니다. 그런데 제가 바쁘다 보니 ○○○ 씨가 갑자기 생각이 나지 않습니다. 죄송합니다. ○○○ 씨가 누구죠?"

사장님은 오히려 미안한 표정으로 말한다.

그 순간 세일즈맨은 웃는 얼굴로 다시 큰 소리로 인사를 한다.

"안녕하십니까? 제가 바로 ○○○입니다."

스피치의 궁극의 목표는 상대에게 자신의 생각이나 주장을 설명하고 설득하는 것이다. 설득력을 높이기 위한 방법으로 때론 상대를 웃게 할 수 있는 유머도 효과적인 방법이 될 수 있다. 유머는 당당하게 활용해야 한다. 가끔 유머를 말할 때 '재미없어하면 어떡하지?'라는 생각으로 말하다 보면 실패할 확률이 높아진다.

　설득을 위해서는 무엇보다 콘텐츠에 대한 공신력을 높여야 한다. 공신력은 사회적으로 널리 알려진 공공의 믿음이나 신뢰를 말한다. 공신력이 있다고 판단되면 신뢰를 쉽게 얻을 수 있다. 예를 들어, 유명한 대학병원의 의사가 권하는 건강과 관련된 내용은 쉽게 받아들인다. 반대로 똑같은 내용을 아내나 남편이 이야기하면 잘 듣지 않는다.

　라디오에서 야채와 과일을 많이 섭취해야 건강해진다는 메시지와 함께 제품을 홍보하는 광고를 듣고 공신력의 중요성을 느낀 적이 있다. 광고 내용은 배우 김남주 씨가 남편 김승우 씨에게 하루 한 컵의 야채를 먹어야 건강해진다는 말을 한다. 이 말에 남편 김승우 씨는 "알고 있어!"라고 대답한다. 다시 김남주 씨가 "미국 암협회에서 발표한 건데 하루 한 컵의 야채를 먹으면 암을 예방한대!"라고 말을 했다. 이번에는 김승우 씨가 이렇게 반응한다. "그래! 그럼 더 먹어야겠네!"

　아내의 말은 쉽게 생각하는데 공신력이 있는 단체의 말은 진지하게 잘 받아들인다. 가끔 홈쇼핑에서 건강보조식품을 판매할 때 TV에서 자주 봤던 유명한 의사가 제품에 대해 홍보하는 모습을 볼 때가 있다. 아무래도 쇼 호스트가 제품의 장점과 구입의 필요성을 언급하는 것보다 공신력이 있는 의사의 말 한마디에 설득이 잘되기 때문이다.

　강의를 하기 위해 거의 매일 돌아다니지만, 처음 강의를 시작할 때는 불러주는 곳이 많지 않았다. 이유는 뛰어난 스펙이 있지도 않았고 강의 경험도 적었기 때문이다. 하지만 지금은 관공서, 기업, 대학 등에서 2,000번 이상의 강의를 했다는 경력만 소개해도 청중들의 집중력이 좋아지는 것을 느낄 수 있고, 강의도 어렵지 않게 풀어나간다. 아마도 '그 정도 강의를 했다면 들을 만하겠지!'라는 생각을 하는 것 같다.

공신력을 높이기 위해서는 어떤 노력을 해야 할까? 먼저 청중에게 신뢰를 주어야 한다. 메시지를 노출할 때 자신의 경험담을 이야기하거나 데이터를 통해 확실한 보장 근거를 제시하며 논리적으로 말해야 한다. 이때 말하는 사람은 청중에게 신뢰와 호감을 줄 수 있는 이미지도 가져야 한다. 그래서 상황에 맞는 연출도 필요하다. 두 번째로 진정성 있는 모습과 메시지를 열정적으로 말하면 역동성이 높아지면서 공신력도 높일 수 있다. 이때 힘 있고 완급 조절이 되는 음성은 더욱 빛날 수 있다. 마지막으로 전문성을 보여야 한다. 자신이 전문가임을 느낄 수 있도록 자신의 경력을 노출하는 것도 좋고 데이터나 통계자료 등을 제시하면 훨씬 효과적인 방법이 된다.

구직자가 무작정 "저를 채용하셔야 합니다."라고 주장해서는 면접관을 설득할 수 없다. 구직자가 선택받기 위해서는 호감을 주는 모습과 열정적인 모습으로 직무와 관련하여 경험과 전문성을 표현할 때 신뢰를 줄 수 있는 것이다. '공신력은 소통의 목적지다.'라고 말하기도 한다. 대화에서 혹은 스피치에서 자신의 이야기를 통해 상대방의 변화 행동을 이끌어 내기 위해서는 스스로 공신력을 높여야 한다.

【설득의 실전 전략】

1. 설득의 목표를 명확히 해야 한다. '무엇 때문에 설득하고 있는가?'

2. 콘텐츠를 수용자의 태도에 맞춰야 한다.

   - 호의적인 사람: 부탁조로 말해도 쉽게 설득할 수 있다.

   - 중립적인 사람: 콘텐츠를 이성적으로 설명하고 사례를 통해 설득해야 한다.

   - 적대적인 사람: 데이터나 통계자료 등 확실한 근거를 가지고 설득해야 한다.

3. 설득을 위한 타이밍이 있다. 그래서 상황에 따라 전략을 수정해야 한다.

4. 7:3의 법칙. '상대가 7을 말하게 하고 자신은 3을 말해야 한다.'

5. 설득을 위한 분위기를 조성하라!

공감하고 소통해야 설득할 수 있다

스피치의 목적을 달성하기 위해서는 반드시 청중과의 공감할 수 있는 콘텐츠로 소통해야 한다. 강의를 요청하는 쪽에서 항상 요구하는 사항이 있다.

"재밌게 해 주세요!"

"딱딱하면 싫어합니다. 지난번에 유명한 교수님이 오셨는데 내용은 정말 좋은 것 같은데 재미가 없으니까 사람들이 엄청 싫어했어요. 아무튼 재밌게 해 주세요!"

개인적으로 친분이 있는 대학 교수님들 중에 강의를 재밌게 하시는 분도 많은데 대체로 '교수님들의 강의'에 대한 고정관념으로 '재미없다', '어렵다'는 생각을 하고 있는 것 같다. 재미가 없다는 말은 무슨 말일까? 쉽게 유머나 웃음을 주는 요소가 없다고 생각할 수 있지만 무엇보다 청중이 원하고 공감할 수 있는 이야기가 적었거나 내용이 너무 어려웠다는 것으로 해석할 수 있다. 그러면 청중과 소통이 원활하지 않게 된다.

주변에서 소통을 잘하고 있는 사람은 어떤 특징이 있을까? 먼저 듣는 사람이 관심 가질 만한 콘텐츠를 가지고 이야기한다. 그 내용 안에 유머가 없어도 실질적인 좋은 정보가 있다면 재밌고 유익한 시간이었다고 평가할 것이다. 소통하고 재미있는 스피치를 위해서는 청중의 성별, 직업, 경제력, 학력, 나이 등을 분석하고 다수가 관심 가질 수 있는 콘텐츠를 이야기할 때 소통하는 좋은 자세가 될 수 있다.

두 번째는 소통하는 스피치를 위해서는 쉬운 표현으로 말해야 한다. 말을 하는 중간에 청중이 알아듣기 어려운 전문적인 용어나 외래어를 섞어가면서 이야기하면 어떤 반응을 나타낼까? 실제로 얼마 전 사업장 유해물질 분석과 관련하여 기업체 임원분의 강의를 들은 적이 있다. 그런데 눈으로 보고 있을 뿐 강의를 듣지는 않았다. 강의 중간에 고등학교 이후 처음 본 수학 기호를 보고 관심이 사라졌고 내용을 이해할 수 없어서 더 이상 듣지 않았다. 예의상 눈이 마주칠 때 고개만 끄덕여 주었지만 강의 내용에 대해 아무것도 기억하지 못한다. 생소한 분야, 관심도 부족하고 이해하기 어려운 전문적인 분야에 대해 말할 때 청중의 수준을 판단하고 쉬운 표현으로 말해야 소통할 수 있다.

세 번째, 소통을 잘하는 사람들은 자기 노출을 잘한다. 이야기 중간에 자신의 경험을 통해 청중과 소통하려 노력한다. 일상에서 누구나 겪을 수 있는, 그리고 쉽게 공감할 수 있는 경험담을 솔직하게 말하면 쉽게 이해가 되고 또 재밌게 느껴진다. 예로 토크쇼에 출연하는 방송인들을 보면서 이런 부분을 많이 느끼게 된다. 이야기 도중 자신의 이미지를 망가뜨리는 솔직한 모습까지 보여주며 웃음을 선사할 때 더 많은 시청자와 소통할 수 있게 된다.

소통하기 위해서는 청중이 원하는 콘텐츠를 쉽게 이해할 수 있게 표현해야 하고 자신이 겪은 경험담을 솔직하게 표현하는 것이 좋다. 목적이 있는 스피치라면 소통하는 노력이 반드시 필요하다.

공감을 위한 자기 노출

친구가 술자리에서 함께 일하는 동료에 대한 서운함을 털어놓았다. 마음이 너무 잘 맞는 직원이라서 누구보다 편안하고 좋은데 때로는 서운한 감정도 생긴다고 말했다. 이번 달에 평소보다 매출이 높아 고생한 직원에게 약간의 보너스를 줄 생각이었는데 직원의 생각은 사장이 주려고 하는 보너스보다 더 많은 금액을 내심 기대하는 상황이었고, 두둑하게 보너스를 주지 못하는 사장의 입장을 직원이 이해하지 못한다는 서운함을 표현하고 있었다.

친구의 이야기를 듣다가 순간 '직원은 어떤 생각을 하고 있을까?' 생각해 봤다. 아마도 평소 매출이 높지 않아 비교적 적은 급여를 받고 일한 직원은 매출이 높아지면서 예전에 사장님이 했던 말이 생각날 수도 있다.

'사업이 잘되면 그때 보너스도 주고 급여를 올려주겠다.'

당연히 직원은 매출이 높아진 상황에서 그동안 적게 받았던 급여에 대한 보상이 있을 거라는 생각에 잔뜩 기대가 부풀어 있을 것이다. 또 경영 상황이 좋아진 회사에 대해 스스로 느끼는 성취와 보람도 있을 것이다. 이런 상황에서 사장은 자신의 마음을 이해해주길 바라면서 자신이 줄 수 있는 약간의 보너스를 지급하지만, 직원은 그 보너스 금액이 마음에 들지 않는다면 어떤 상황이 생길까? 서로의 갈등의 골은 깊어질 수 있고 전과 다르게 서먹서먹해지는 관계에서 업무의 장애 요인이 생길 수도 있다. 어떻게 하면 사장과 직원의 갈등을 최소화할 수 있을까?

친구에게 '자기 노출이 필요한 것 같다'고 말했다. 대화를 통해 서로의 생각을 표현하는 것이 무엇보다 필요하다고 생각했기 때문이었다. 자신의 입장을 충분히 노출할 때 직원도 스스로 생각했던 부분에 대한 노출이 이루어질 것이다. 그러면서 서로 양보하고 배려하는 모습 속에 원만한 해결책을 찾을 수 있을 것이다. 생각을 말하지 않고 상대가 알아주기를 바란다면 좋았던 관계는 한순간에 무너질 수 있다. 공감을 위해서는 자기 노출이 필요하다.

"취미생활은 무엇입니까?" "어떤 음식을 좋아하세요?" "어디에 사세요?"

누군가를 만나면 서로 공감대를 형성하기 위해 상대에게 물어보고 자신의 이야기도 하게 된다. 중간에 서로 공감이 되는 무엇인가를 찾을 때 쉽게 대화를 풀어갈 수 있기 때문이다. 남녀가 연애할 때 시작이 그랬고, 동료와 처음 만나서 이야기하는 모습, 새로운 친구를 만날 때도 그랬었다. 하지만 어느 정도 시간이 흐르고 상대와 많이 친밀해지면 더 이상 자신을 노출 하지 않는 경우도 있다. 노출하고 싶은 것이 없을 수도 있고 아니면 상대에게 더 이상 노출하고 싶지 않아서일 수도 있다. 중요한 것은 자신의 생각, 느낌, 감정을 정확히 표현하고 노출할 때 상대는 내 상황과 감정, 느낌을 이해할 수 있다는 것이다. '내 마음을 알아주겠지!'라고 생각해서는 이해하지 못하는 상대에 대한 서운함만 생길 수 있다. 처음 만나서 이야기할 때 상대가 나에 대해 알지 못하는 부분을 알게 해주려고 이야기했던 것처럼 대화가 필요하다.

제5장

경쟁력 향상을 위한 스피치 스킬

면접 & 프레젠테이션 & 토론/회의

면접 화법 세 가지

최근 자기소개서 작성과 면접 때문에 고민을 갖고 계시는 분들의 상담이 계속되고 있다. 면접에서 자신의 생각을 자신감 있게 답변하는 것이 어렵다고 말하는 분들에게 상담할 때 항상 세 가지 화법만 준비하라고 주문한다.

【면접 화법】

1. 질문 되짚기
2. 결론부터 말한다 (콘텐츠는 두 개 이하)
3. 단점을 지적하는 질문에는 Yes, But~

면접관이 지원자에게 이런 질문을 한다면 어떻게 대답하는 것이 효과적일까? 다음 질문은 면접에서 쉽게 예상해 볼 수 있는 기본적인 질문 내용들이다. 여러분이라면 어떤 답변을 할 수 있을지 생각해 보자.

"우리 회사에 왜 지원하셨나요?"

"다른 지원자와 달리 본인만이 가지고 있는 경쟁력은 무엇입니까?"

"회사에 들어오기 위해서 어떤 노력을 하셨나요?"

질문을 받으면 먼저 질문을 되짚어주면서 말을 시작하자. 예를 들어 "우리 회사에 왜 지원했습니까?"라고 질문을 받으면 "제가 ○○회사에 지원한 이유는…"으로 시작하고, "다른 지원자와 구별되는 본인만의 경쟁력은 무엇입니까?"라고 질문을 받으면 "다른 지원자와 달리 제가 가지고 있는 경쟁력은…" 이렇게 답변을 시작해야 효과적으로 메시지를 전달할 수 있다.

두 번째는 질문을 되짚고 바로 결론을 말해야 한다. 질문 내용을 되짚고 결론을 키워드로 압축해서 바로 말해야 한다. 이때 주의할 점은 키워드를 세 개 이내의 콘텐츠로 이야기해야 한다. 지나치게 많은 키워드로 콘텐츠를 나열하면 오히려 듣는 사람의 집중력을 떨어뜨릴 수 있고 신뢰감도 떨어진다.

예를 들어 "본인 성격의 장점을 말해 보세요!"라는 질문을 받고 나서 지원자가 이렇게 말을 한다면 어떨까?

"제 성격의 장점은 책임감이 강하고 성실하며 창의적이고 긍정적입니다."

면접관은 아마도 '그렇게 잘났으면서 왜 우리 회사에 지원하는 거야!'라는 생각을 할 수도 있다. 그래서 결론을 이야기할 때는 두 가지 정도로 이야기하고 사례, 경험 중심으로 간결하게 부연설명을 해줘야 답변에 대한 신뢰감을 줄 수 있다.

세 번째는 면접관이 지원자의 단점, 부족하게 느끼는 부분을 지적할 때 'Yes, but' 화법을 사용하면 효과적이다. 예를 들어 체격이 작고 몸이 약해 보이는 지원자에게 면접관이 이렇게 질문을 한다.

"업무의 특성상 야근이 많습니다. 일을 하다 보면 늦은 저녁에 퇴근하는 일이 자주 있는데 체력이 약해 보이네요."

이런 질문을 받으면 무조건 부정하기보다 'Yes, but' 화법을 사용하면 효과적인 답변이 될 수 있다.

"네, 그렇게 생각하실 수 있습니다. 하지만 지난 2년 동안 건강을 위해 매주 3회 이상 꾸준히 등산과 조깅 등을 통해 체력을 키워 왔습니다. 체력만큼은 정말 자신 있습니다."

면접을 앞두고 긴장하는 것은 자연스러운 모습이다. 스스로 간절함을 생각하고 왜 면접을 보고 있고 무엇을 말해야 하는지에 집중하면서 자신의 생각을 효과적으로 전달하는 면접 화법 세 가지를 기억하자.

질문을 되짚고 결론부터 말해야 하고, 자신의 단점을 지적하는 질문에는 'Yes, but' 화법을 활용하자. 끝으로 면접에서 항상 기억해야 할 것은 지원 회사의 지원 직무만 생각하고 직무에 적합한 인재임을 부각시키는 모습이 있어야 한다는 것이다.

성공 취업을 위한 스피치

스피치는 자신이 표현하고자 하는 내용에 대한 분명한 이해와 연습이 필요하다. 경력 사원 면접을 앞둔 분이 찾아왔다.

"면접 교육을 받으면 도움이 되나요? 한 번도 이런 교육을 받아 보지 못해서요."

분명 합격에 대한 간절함이 있어서 찾아왔을 것이다. 하지만 면접 교육을 받아야 하는 것에 대해서는 확신을 갖고 있지 않았다. 그래서 실제 면접의 형태로 레슨을 진행했다. 먼저 카메라 테스트를 통해 어느 정도의 역량을 가지고 있는지 알아봤다. 시선, 표정, 자세, 답변… 어느 것도 만족스럽지 못했다. 자신의 면접 모습을 촬영한 동영상 보여주며 조목조목 변화의 필요성이 있는 것을 지적해주었다.

"제가 생각해도 답답하네요. 잘 부탁드립니다."

질문에 대한 답변을 듣고 바로 수정해서 보다 효과적인 답변을 준비시켰다. 하지만 준비한 답변을 말하지 못하고 외운 것을 생각해내려고 애쓰는 모습만 보였다. 면접을 준비하는 사람들은 면접관의 질문에 대답만 잘하면 된다는 고정관념을 갖고 있다. 그래서 예상되는 질문에 대한 답변만 열심히 외우는 모습이 많다. 여기서부터 면접 준비는 잘못되고 있는 것이다. 면접에서 자신이 준비한 면접 질문이 나왔을 때 순간 기쁨을 느낄 수 있을 것이다. 하지만 말하는 중간 준비했던 답변이 생각나지 않으면 어떻게 될까? 시선은 자연스럽게 천장으로 향해 준비했던 내용을 기억하려 애쓰게 된다. 이런 모습을 보면 면접관은 어떤 평가를 하게 될까? 아마도 좋은 평가를 받기는 어려울 것이다.

그래서 예상되는 질문에 대한 답변을 절대로 외우지 말라고 조언한다. 면접에서는 면접관의 질문을 잘 듣고 키워드 중심으로 간단하게 대답하고 이유를 설명해 주기만 하면 되는 것이다. 물론 이 모든 것이 쉽지는 않다. 그럼 어떻게 준비를 하면 좋을까?

먼저 면접관의 질문에 대한 요지를 분명히 이해하기 위해 집중해야 한다. 면접관의 질문 의도를 분명히 파악해서 결론부터 이야기하는 모습이 무엇보다 중요하다. 그리고 예상되는 질문에 대해서는 큰 소리로 자연스럽게 말하듯 연습해야 한다. 긴장이 되면 외운 것들이 머릿속에 기억나지 않게 된다. 하지만 입은 움직인다.

마지막으로 동영상 촬영을 통해 자세와 표정, 시선 처리 등의 비언어적 요소에서 신뢰감을 제공할 수 있는 모습을 연출해야 한다. 언어는 정확성을 표현하지만 비언어적 요인은 언어로 표현한 것에 신뢰감을 부여하기 때문이다. 일상에서는 대화를 위해 원고를 준비하지 않는다. 또 예상치 못한 질문에 당황하지도 않는다. 하지만 면접에서는 예상되는 질문을 생각하고 답변을 미리 준비한다. 면접은 지원자에게 궁금한 점이나 지원 직무와 관련해 어느 정도의 역량이 있는지를 물어보고 함께 일할 사람을 결정하는 자리이다. 면접관의 질문에 외워서 준비하지 말고 자신의 생각이나 역량을 키워드 중심으로 풀어내고 비언어적 요인을 통해 신뢰를 줄 수 있는 표현을 하는 데 집중해야 한다.

면접은 어떤 과정일까?

"면접은 합격하는 과정일까? 아니면 탈락의 과정일까?"

지원자의 입장에서 보면 당연히 합격을 위한 최종 과정이 될 수 있다. 하지만 기업의 입장에서는 탈락시킬 수 있는 마지막 과정일 수 있다. 그리고 무엇보다 면접의 열쇠는 면접관이 가지고 있다. 기업의 입장에서는 모든 지원자에게 좋은 이야기, 칭찬만 해서는 최적의 인재를 걸러낼 수 없는 것이다. 그런 이유로 지원자의 단점이나 결점을 묻는 질문이 반드시 나오게 된다. 그래서 지원자는 객관적인 자신의 단점을 커버할 수 있는 답변을 반드시 생각해야 한다. 예를 들어 스펙은 좋지만 출석이 좋지 않다고 하면 큰 문제가 될 수 있다. 일할 수 있는 역량이 충분하다고 해도 기업의 입장에서 근무 태도를 신뢰할 수 없기 때문이다. 중요한 미팅이나 회의를 앞두고 지각을 하거나 결근을 한다면 능력도 의미가 없어진다. 그러면 당연히 면접관은 이 점을 확인하려 할 것이다.

"학교 다닐 때 결석이 많았네요. 회사 생활을 하면서 지각이나 결근에 대한 우려가 있습니다. 어떻게 생각하세요?" 이런 질문을 받으면 어떻게 해야 할까? 당연히 결근 없이 열심히 일하겠다고 말할 것이다.

면접에서 자신의 단점을 극복할 수 있는 화법에는 앞에서도 이야기한 'Yes, But' 화법이 있다. 무조건 부정만 하기보다는 인정할 것은 인정하되 이유를 분명히 밝히고 충분히 설명할 필요가 있다.

"네, 그렇게 생각하실 수도 있습니다. 하지만 학교 다닐 때 결석이 많았던 이유는 학창 시절 저의 관심 분야가 ○○○이었습니다. 그래서 당시에는 전공 수업보다 관심 분야 ○○○를 더 열심히 했고 때론 밤을 새워 가며 노력도 했습니다. 그리고 지금은 제 관심 분야와 관련이 있는 ○○회사에 입사를 지원했습니다. 저의 관심 분야인 ○○○ 직무를 수행하는 데 있어서 누구보다 큰 열정을 가지고 있기 때문에 결코 결근이나 지각하는 모습은 없을 것입니다."

면접에서는 간결하게 이야기하는 모습을 가져야 한다. 가끔 질문과 다른 답변을 하게 되는 경우도 있고, 때론 너무 길게 설명하려다 면접관으로부터 이런 말을 들을 수도 있다. "됐습니다. 다음!" 이런 말을 듣게 되면 지원자는 당황할 수밖에 없고 탈락의 기운을 느끼게 될 수도 있다. 특히 "마지막으로 하고 싶은 말이 있으면 해 보세요!"라는 말을 듣게 된다면 자신의 열정을 보여줄 수 있는 짧고 강력한 메시지를 남겨야 한다.

기업은 채용 분야의 일할 인재를 선발하려고 한다. 그래서 지원자의 역량을 확인하고 궁금한 점을 물어보는 것이다. 그래서 예상 질문에 대한 답변을 무조건 외우는 모습은 좋지 않다. '면접만 잘 보면 된다.'는 생각보다는 지원 직무에 대한 정확한 이해와 자신의 역량을 표현할 수 있는 간결하고 명쾌한 답변이 무엇보다 필요하다. 또 이력서와 자기소개서 내용은 기본적으로 면접의 기초 질문 내용이 되기 때문에 내용을 꼼꼼히 확인하는 모습이 필요하다.

면접 평가 항목

대학 졸업 예정자를 비롯한 취업 준비생들이 면접을 앞두고 공통적으로 기대하는 것들이 있다. 그것은 면접에서 자신이 준비했던 질문을 면접관이 해주길 간절히 바란다. 그리고 그런 질문에 마치 정답처럼 대답하려 한다. 하지만 면접에는 정답이라고 할 수 있는 기준이 명확하게 있지 않다.

예를 들어 "열심히 하겠습니다."라는 답변에 어떤 면접관은 '그래! 그런 마음이 필요하지!'라고 긍정적인 생각할 수도 있지만, 다른 면접관은 '그런 소리는 누가 못 하겠나? 구체적으로 말해야지!' 하면서 부정적인 입장을 가질 수 있다.

면접에서 답변을 잘한 부분에 대해 '정답!'이라고 체크하는 항목은 없다. '논리적으로 말하는가?'라는 정도의 항목이 있을 뿐이다. 하지만 면접을 준비하는 사람들은 모든 질문에 정답이 있다고 생각하고 그것을 알고 싶어 하는 모습에서 가끔 안타까운 마음이 들기도 한다.

기업이나 직무별로 면접 평가 항목이 다르다. 일반적인 평가 항목을 통해 면접관이 어떤 평가 항목으로 평가를 하고 취업 준비생들은 어떤 자세로 면접에서 스피치를 해야 하는지 살펴보자.

면접에서는 먼저 근무 적성을 평가하는 항목이 있다.

【근무 적성 평가】

- 성실하며 신뢰할 수 있는가?
- 의지가 강하고 자신감이 있는가?
- 활기차고 적극적인가? 긍정적인 사고를 갖고 있는가?

위의 항목을 확인하기 위해 면접관은 질문을 한다. 어떤 질문이 나올 수 있을까?

면접관은 지원자가 학교 다닐 때 결석이나 지각을 하지 않은 성실한 모습을 좋아할 것이고, 학점 관리를 잘했던 사람이 좋은 평가를 받을 수 있을 것이다. 그리고 답변 시 자신감 있는 목소리와 말끝을 흐리지 않는 모습, 면접관의 눈을 바라보면서 말하는 태도 등을 확인할 수 있다. 또 어려운 상황을 긍정적, 적극적으로 극복했던 사례를 듣고 싶어할 것이다. 자세히 항목을 살펴보면 예상되는 질문들도 있다.

- 평소 주변 사람들은 본인을 어떤 사람으로 평가할까요?
- 좌우명이나 생활신조는 무엇인가요?
- 본인 성적의 장점을 무엇인가요?
- 가장 크게 실패했던 경험은 무엇인가요?
- 열정과 성취감의 경험을 이야기해 보세요
- 평소 도전적으로 임했던 일이 있나요?

최근 기업에서는 자기소개서의 비중을 높이면서 자기소개서 항목에 실패담, 성취감을 느낀 경험 등을 요구한다. 아마도 강한 의지로 어려움을 이겨낸 모습과 쉽게 포기하지 않는 열정, 긍정적 사고를 미리 확인하려고 하는 이유일 것이다. 면접에서 가끔 여성 지원자에게는 가끔 이런 질문을 던지기도 한다. "언제까지 근무하실 생각인가요?" 아마도 결혼, 육아 문제와 관련해 근무에 대한 의지를 묻고 싶었을 것이다.

면접에서는 직무 수행 능력을 평가하기 위해 지원자의 능력을 평가하는 항목이 있다.

【직무 수행 능력 평가】

- 면접관의 질문을 정확하게 이해하고 있는가?
- 업무와 관련하여 활용할 수 있는 지식과 기술은 어느 정도인가?
- 업무와 관련하여 용어나 핫이슈에 대한 상식을 갖고 있는가?

위의 항목을 살펴보기 위해 면접관은 지원자의 경력과 전공을 확인할 것이다. 지원 직무에 경험이 적거나 전공이 연관성이 적다면 그에 대한 답변을 충분히 준비해야 할 것이다. 그리고 직무와 관련하여 구체적인 질문을 할 수 있는데, 이럴 때 지원자는 면접관의 말을 끝까지 경청하고 간결하고 명쾌한 답변을 먼저하고 부연 설명을 해야 한다. 준비된 질문이라고 질문이 끝나지도 않았는데 성급하게 답변해서는 안 된다. 그리고 면접을 앞두고 준비할 때는 지원 직무나 회사와 관련된 최근 뉴스를 반드시 확인해야 한다. 그 밖에 면접에서는 지원자의 의사 표현 능력과 품행을 확인하려 한다.

- 전공을 선택한 이유가 무엇인가요?
- 우리 회사의 핵심가치는 무엇인가요? 연관된 자신의 강점을 말해 보세요.
- 전공지식이 업무에 어떤 도움이 될 수 있을 거라고 생각하세요?
- 최근 본 뉴스나 가장 크게 관심을 갖고 있는 것은 무엇인가요?

인사 담당자들은 면접에서 지원자의 표현 능력을 평가한다. 예를 살펴보면 아래와 같다.

【표현 능력 평가】

- 정확한 어휘를 구사하며 문제의 핵심에 접근하는가?
- 목소리는 힘이 있고 자신감이 있는가?
- 성급하거나 충동적이지 않은가?
- 더듬거나 초조해하지 않는가?
- 간단명료하게 표현하는가?

위의 평가 항목에서 살펴볼 수 있듯이 면접관의 질문을 잘 경청하고 질문의 요지를 파악하는 것이 무엇보다 중요하다. 혹시 예상 질문으로 준비했던 내용을 물어보더라도 잘 듣고 잠시 생각하는 여유를 갖고 답변해야 한다. 답변할 때 모든 면접관들이 싫어하는 모습은 말의 끝부분을 흐리고 자신 없게 말하는 것이다. 끝을 분명히 하는 자신감 있는 목소리가 좋은 평가를 받을 수 있다. 그리고 말을 할 때 긴장이 되면 머리의 사고와 입이 따로 반응하면서 말을 더듬는 모습을 쉽게 볼 수 있다. 침착한 자세에서 분명하게 메시지를 전달해야 한다. 면접을 보는 과정에서 당황스러운 질문이나 때론 황당한 질문을 받을 수 있다.

예를 들어 "대전 시내에는 주유소가 몇 개나 있을까요?"라는 질문을 받았을 때 쉽게 "○○개 입니다."라고 대답하기보다 논리적인 접근으로 간단명료하게 답하는 것이 중요하다. "저희 동네에는 총 몇 개의 주유소가 있습니다. 동마다 다르겠지만 대전에는 대략 몇 개의 동이 있습니다. 그래서 저희 동네의 주유소 숫자와 대전 시내의 동의 숫자를 곱해 이렇게 생각합니다."라는 답변이 좋은 평가를 받을 수 있을 것이다.

면접 평가 항목에는 지원자의 태도나 인성을 파악하려는 항목들이 있다.

【태도와 인성 파악】

- 눈빛에 생기가 있는가? 호감을 주는 얼굴인가?
- 바른 자세와 직장인의 건전한 복장을 하고 있는가?
- 정중하게 인사하는가?
- 건강해 보이는가?

지원자는 인사 담당자에게 **'이 사람과 일하고 싶다.'**라는 느낌을 주는 것이 최고의 목표일 것이다. '이 사람과 일하고 싶다.'는 느낌은 상당히 중의적인 표현이겠지만 직무 역량이 뛰어나서일 수도 있고, 호감주는 느낌 때문일 수 있다. 미소가 있는 표정과 당당한 눈빛을 연출하는 것이 필요하다. 질문을 받고 대답할 때는 면접관의 시선을 회피해서는 안 된다. 질문을 한 면접관을 주로 보고 다른 면접관에게 골고루 시선을 주면서 바른 자세로 답해야 한다. 면접실로 입실할 때와 퇴실할 때 바른 자세의 보행이 필요하고 자신감 있는 걸음걸이도 필요하다. 인사는 정중례로 해야 하고 인사를 할 때는 인사말을 먼저 하고 인사말이 끝나는 시점에 고개를 숙이고 천천히 일어나면 된다. 그리고 인사 후 밝은 미소로 면접관과 눈 맞춤을 해야 한다.

　면접의 중요성 때문에 긴장하고 당황해서 준비한 모습을 못 보여줄 수 있다. 그래서 평소 모의 면접을 통해 연습해 보는 것이 반드시 필요하다.

면접에서 생각해야 하는 것

스피치나 대화를 잘하기 위해서는 이야기할 소재(콘텐츠)가 다양해야 한다. 면접시험에서도 답변을 잘하기 위해서는 이야기할 소재(경험, 에피소드 등)를 많이 준비해야 한다. 기업에서 사람을 채용하는 이유는 무엇일까? 그것은 일할 사람이 필요하기 때문이다. 어떤 부서에서 인력 충원의 요청이 들어오면 리더가 판단하고 채용 공고를 낸다. 지원자는 입사 준비 서류를 제출하고 회사는 서류를 바탕으로 일차적인 판단을 하게 된다. 그리고 서류상으로 직무에 대한 수행 능력이 있다고 판단되는 사람들을 모아놓고 비교도 해 보고 가장 최적의 인재를 채용하기 위해 면접시험을 보는 것이다.

이것은 우리가 물건을 구매하는 이유와 같다. 물품 구매의 필요성을 갖게 되면 먼저 마트나 시장에 가서 자신이 필요한 물품에 대한 정보를 말한다. 그러면 공급자는 소비자가 원하는 물품에 대한 다양한 제품을 선보이게 된다. 이때 소비자는 어떤 제품이 자신에게 가장 잘 맞는 물건인지를 고민하고 궁금한 것들을 물어본다.

"이 제품은 다른 제품에 비해 어떤 부분의 장점이 있습니까?"
"제품 수명은 어느 정도인가요?"

소비자는 공급자가 설명한 내용을 참고하고 품질이나 내구성, 가격,

디자인, 브랜드 등의 요소를 통해 고민하고 물건을 구매한다. 이때 판매자가 물품에 대한 정보를 제대로 설명, 설득하지 못하고 판매에 대한 열정과 성의가 없는 태도를 보인다면 소비자는 발길을 돌려 다른 곳으로 가버린다. 같은 맥락으로 면접시험에서도 비슷한 질문을 항상 하게 된다.

"이 제품은 다른 제품에 비해 어떤 부분의 장점이 있습니까?"
"제품 수명은 어느 정도인가요?"

"다른 지원자와 달리 본인만이 갖고 있는 경쟁력은 무엇입니까?"
"언제까지 근무할 생각입니까?"

면접을 앞두고 있는 사람들은 '내가 면접관이라면 어떤 질문을 할 수 있을까?'라는 생각으로 준비하면 수월해진다. 구매자의 입장을 생각해 보는 것이다. 소비자는 공급하는 사람에게 구매를 결정하기 위해 많은 것을 물어보게 된다. 면접시험도 마찬가지이다. '준비한 질문만 나왔으면 좋겠다!'라고 생각하기보다 스스로 지원 직무에 대한 역량을 가지고 있는지, 역량 계발을 위한 구체적인 계획이 있는지, 또 직무 수행에 대한 간절함과 열정이 있는지를 판단해 보면 된다. 거짓으로 꾸미기보다 자신의 경험, 지식을 바탕으로 구체적으로 이야기한다면 신뢰를 얻기 쉽다.

채용 결정에 중요한 포인트는 면접관의 감성을 터치할 수 있는 스피치가 되어야 한다는 것이다. 간절함, 열정이 묻어나는 언어와 비언어적(태도, 시선, 표정, 자세) 표현을 통해 면접관에게 '이 사람과 일하고 싶다.'

는 느낌을 주는 것이 중요하다. 질문에 정답처럼 답변하는 모습보다 입사에 간절함과 직무에 대한 열정이 느껴지는 태도가 면접의 성패를 좌우할 수 있다.

성공적인 면접시험을 위해서는 스스로 지원 직무에 대한 역량과 열정, 직무에 대한 경험을 표현할 수 있는 콘텐츠가 있어야 한다. 그리고 자신이 가지고 있는 콘텐츠를 언어와 비언어적(태도, 시선, 표정, 자세) 표현을 통해 입사에 대한 간절함과 열정을 보여주고 면접관을 설득해야 한다.

5분 스피치 준비 방법

공무원 채용 면접에서 5분 스피치를 진행하고 면접 시간을 늘리겠다는 뉴스를 본 적이 있다. 공무원 시험을 준비하는 많은 수험생과 취업 준비생들은 필기시험도 어려운데 이제는 면접에서 5분 스피치까지 해야 한다는 생각에 걱정과 고민이 생길 수 있다. 최근 기업과 단체의 직원 채용 과정도 면접의 비중이 높아지고 있고 방법도 다양화되고 있다. 공무원 채용에서도 갈수록 면접의 비중이 높아지고는 있지만 아무래도 공무원 면접은 기업의 면접처럼 힘들지 않다는 인식을 갖고 있었던 수험생이라면 아무래도 걱정을 하고 있을 것이다. 그래서 이런 고민에 도움이 되고 싶은 마음에 뉴스를 보고 나서 개인 홈페이지에 5분 스피치를 준비하는 방법을 영상으로 공개하기도 했었다(www.imagesoo.com).

자신을 평가하는 사람들 앞에서 말을 한다는 것은 쉬운 일만은 아니다. 5분 스피치가 당락 결정에 결정적인 영향을 끼치지는 않겠지만 같은 역량이라면 무엇보다 자신의 생각을 명쾌하게 표현하는 사람이 분명 더 좋은 결과를 가질 수 있을 것이다. 그러면 5분 스피치를 잘하기 위해서는 어떤 방법이 있을까? 두 가지를 반드시 기억하자.

첫 번째는 키워드로 정리해야 한다는 것이다. 평소 스피치 수업을 진행할 때 발표를 주문하면 노트에 발표 내용을 적는 사람들이 있다. 열심히 원고를 쓰지만 정작 발표할 때는 원고대로 하지 못하고 원고의 내용을 떠올리는 데 집중한 표정과 시선에서 발표를 망치는 모습을 자주 보게 된다. 그래서 항상 원고를 쓰지 말고 키워드로 자신이 하고 싶은 내용을 압축해서 정리하라고 주문한다. 5분 스피치 주제를 부여 받게 되면 주제에 대해 설명할 내용을 2~3개의 키워드로 정리해야 한다. 그리고 키워드를 바탕으로 내용을 구성하면 된다.

두 번째 5분 스피치의 내용을 구성할 때 '노설반'으로 해야 한다. '노설반'은 '노출, 설명, 반복'의 내용 구성으로 먼저 주제에 대한 발표 방향과 키워드를 노출해야 한다. 그리고 노출한 키워드를 설명해야 하는데 이때 구체적인 사례나 공신력 있는 근거를 가지고 설명해야 설득력을 높일 수 있다. 마지막에 앞선 내용을 다시 한 번 정리하고 키워드를 반복하는 구성이 자신의 생각을 명쾌하고 효과적으로 설명하는 방법이 된다.

예를 들어 '어떤 사람이 공무원에 적합하다고 생각하십니까?'라는 발표 주제가 주어졌다면 어떻게 준비하면 될까? 먼저 공무원에 적합하다고 생각하는 모습을 키워드로 정리해야 한다. 가령 키워드를 '희생/봉사, 직무 역량' 두 가지로 정했다면 '노설반'으로 내용 구성을 하면 된다.

"(노출) 저는 공무원에 적합한 사람을 두 가지로 설명드릴 수 있습니다. (자신의 경험을 바탕으로 설명) 무엇보다 국가와 국민에게 봉사할 수 있는 자세와 마음가짐을 가진 사람이 적합합니다. 두 번째, 직무에 대한 전문성이 있는 사람이 공무원에 적합한 인재라고 생각합니다. (반복) 저는 공무원에 적합한 사람으로 국가와 국민에게 희생하고 봉사하는 자세와 마음가짐이 있는 사람, 그리고 직무에 대한 전문성을 가진 사람이 공무원에 적합한 사람이라고 생각합니다."

스피치는 해 본 사람이 잘할 수 있다. 예상 가능한 다양한 스피치 주제를 가지고 키워드로 준비하고 '노실반'의 내용 구성을 통해 5분 스피치를 준비해 보자.

【실전 면접 질문과 답변 포인트】

- 면접 질문 의도
  - 지원자의 전문 지식 확인
  - 이력서와 자기소개서의 사실 여부 확인
  - 직무에 대한 이해도 및 스킬 확인
  - 직무의 적합성 판단
  - 회사 환경에 대한 개인의 입장 및 의견 수렴
  - 근무 의욕도 평가
- 면접에서는 무엇을 보여주어야 하는가?
  - 직무를 수행할 수 있는 역량을 표현하라!
  - 좋은 인성과 대인관계 역량 모습을 보여줘라!
  - 지속적인 역량 계발에 대한 구체적 계획을 보여줘라!

면접관은 무엇을 보고 싶어 하는가?

1. **직무 수행 능력**: 직무의 이해 정도와 전공의 연계성
2. **느낌**: 기업 문화와 잘 어울리고 직무를 잘 수행할 수 있다는 느낌
3. **사고력의 깊이**: 독서, 경험, 관심 정도에 따라 다름
4. **품성과 태도**: 얼굴의 표정, 자세, 시선 등
5. **센스**: 상황에 따라 창의적이고 재치 있는 답변
6. **표현력**: 논리적인 표현 능력
7. **열정과 적극성**: 표정과 면접에 임하는 자세에서 느낄 수 있다.

【반드시 준비해야 하는 면접 질문】

1. **자기소개** (키워드로 자신을 기억시켜라!)
   인적 사항이 아닌 직무 관련 자신의 경쟁력을 키워드로 압축해서 전달하라!

2. **자신의 장점, 경쟁력은 무엇인가?**
   두세 가지 콘텐츠를 가지고 직무에 대한 역량을 강조하라!

3. **자신의 목표, 꿈, 10년 후 자화상에 대해 말해 보세요!**
   목표, 꿈, 10년 후 모습과 역량 계발에 대한 구체적 답변이 필요하다.
   돈, 명예보다 직무 역량 강화에 대한 구체적인 모습을 표현해야 한다.

4. **직무 관련 질문** (전문용어, 최근 뉴스 등)
   직무 수행을 위한 자신의 역할, 책임, 가져야 하는 자세 등

5. **좌절, 실패의 경험은 무엇인가?**
   어떤 좌절, 실패를 했는지를 묻는 질문이 아니라, 좌절, 실패를 통해 어떤 변화를 갖게 됐고 어떤 노력을 통해 극복했는지를 물어보는 질문이다.

6. **가장 크게 성취감을 느꼈을 때는 언제인가?**
   성취를 이루기 위해 어떤 노력과 열정을 가졌는지를 묻는 질문이다.

7. **마지막으로 하고 싶은 말은 무엇인가?**
   간결하게 입사에 대한 간절함과 포부를 설명해야 한다.

8. 지원 동기는 무엇인가?

관심을 갖게 된 구체적 계기 등을 통해 실질적인 지원 동기를 표현

9. 입사하기 위해 어떤 노력을 했는가?

회사에 대한 관심, 직무 수행 능력 향상을 위한 노력을 자세히 설명

10. 단점을 극복하라!

단점을 극복하기 위한 구체적인 노력을 설명해야 한다.

ex. 뚱뚱한 체형, 약해 보이는 체력, 날카로운 이미지, 낮은 학점, 낮은 스펙

11. 최근 봤던 뉴스는?

직무 관련 이슈, 지원 기업 관련 뉴스, 사회적 관심도가 높은 뉴스 등

12. 상사나 동료, 고객과 갈등이 생긴다면 어떻게 해결하시겠습니까?

자신의 잘못을 먼저 생각하고 적극적으로 해결하려는 노력 표현

ex. 어떤 사람을 상사로 모시고 싶으세요?

13. 취미는 무엇인가? 주말에는 주로 무엇을 하는가?

시간 관리 및 여가 시간 자기 계발을 위해 어떤 노력을 하는지 묻는 질문

- 취미활동에 의미를 부여하는 모습이 필요
- 자기 계발에 대한 목표와 구체적 노력을 보여주는 것이 좋다.

14. 기타 질문

- 가장 관심 있었던 수업은 무엇인가?
- 봉사활동의 경험은?
- 주변 사람들은 본인을 어떤 사람으로 평가할까?
- 공백기에 어떤 활동을 했습니까?
- 탈락한다면 어떻게 하시겠습니까?
- 어떤 사람을 채용해야 한다고 생각하십니까?
- 한 달에 용돈은 얼마나 쓰는가?
- 좌우명, 존경하는 사람, 가족 소개 등
- 부당한 지시, 위법한 지시를 받을 경우 어떻게 하시겠습니까?

지원 직무 관련 질문, 기업 관련 이슈에 대한 철저한 준비가 필요하다.

프레젠테이션 스킬

프레젠테이션의 기능

---

1. **조직의 전략적 도구**
   : 새로운 정보, 정책, 제안 등을 짧은 시간에 조직에 전달

2. **행정의 중요한 수단**
   : 사업, 프로젝트의 성공적인 추진을 위한 중요한 과정

3. **직무 성취와 관련**
   : 프레젠테이션을 잘하느냐, 못하느냐에 따라 다른 결과

직장에 근무하는 20대 후반의 여성이 중요한 프레젠테이션을 앞두고 전화를 했다.

"제가 목요일에 프레젠테이션이 있는데요. 긴장이 너무 많이 돼서 도움을 받으려고 전화드렸습니다."

전화 상담 이후 다음 날 레슨을 위한 미팅을 약속했다. 하지만 미팅 당일 혼자 준비하겠다는 연락과 함께 약속은 취소됐다. 그리고 수요일 오전 다시 전화가 왔다.

"선생님! 내일 프레젠테이션을 해야 하는데 오늘 레슨을 받을 수 있을까요? 도저히 혼자서는 안 될 것 같습니다."

레슨을 시작하기 전에 어느 정도의 역량을 가지고 있고, 가장 급하게 개선해야 할 부분이 어떤 것인지를 판단하기 위해서 준비된 자료로

프레젠테이션을 진행할 것을 요청했다. 10분 정도의 프레젠테이션에서 부족한 점이 너무 많았다. 호감을 주는 음성을 빼고는 발음이 좋지 않아 웅얼거리는 느낌이 많고, 음의 변화가 거의 없어서 전달력이 떨어졌다. 시선은 오로지 준비된 원고에만 머물러 있었다. 당장 내일 프레젠테이션을 앞두고 있고 긴장을 많이 하고 있었기 때문에 걱정스러웠다.

먼저 스피치 원고를 새로 만들었다. 자신에게 어려운 단어나 문구를 편하게 만드는 것이 필요했다. 기본적으로 발음이 정확하지 않았고, 평소 잘 쓰지 않았던 단어, 어휘에서 중언부언하고 반복적으로 발음해서 프레젠테이션에 집중하기 어려웠기 때문이다. 자신이 쉽게 발음할 수 있는 단어나 어휘로 원고의 내용을 수정하고 난 이후에 발음의 불안 요소가 많이 제기되었다. 스피치를 할 때는 어려운 단어나 어휘보다 반드시 자신이 쉽게 발음할 수 있는 단어나 어휘를 선택해야 한다.

다음은 원고의 내용을 수없이 반복해서 낭독 연습을 했다. 긴장이 되면 머릿속에 외운 내용은 기억이 나지 않을 수 있지만 실전과 같은 소리로 수없이 연습을 하면 머리의 생각보다 입이 먼저 반응하면서 술술 풀어낼 수 있게 된다. 그리고 낭독 연습을 할 때 특히 음의 속도 변화, 그리고 강조해야 할 곳의 소리의 크기와 적적한 띄어 말하기를 집중적으로 연습해야 한다. 또 말끝이 올라가거나 길게 늘어 발음하는 모습에서 말끝을 내려주면서 신뢰감을 줄 수 있도록 연습해야 한다. 몇 시간을 집중적으로 연습하고 다음은 실전 프레젠테이션을 대비해서 PPT 자료와 음성, 그리고 몸짓의 움직임, 시선 처리까지 카메라 촬영을 통해 반복해서 연습했다. 교육을 받는 분의 열정도 대단했다. 긴 시간 반복적 교육을 진행하는데도 힘들어하는 기색보다 스스로 좋아지고 있다는 느낌을 가지면서 굉장히 재미있어했다.

"왜 월요일에 오지 않았습니까?"라고 물어보았다.

"도움이 되지 않을 것이라 생각했습니다. 진작 찾아올 걸 후회하고 있습니다. 하루만 시간이 더 있다면 좋겠는데…"

프레젠테이션은 시각적 요소가 중요한 부분을 차지하기 때문에 PPT 자료 준비가 매우 중요하다. 기본적으로 PPT 자료가 완성된 이후부터 성공적인 프레젠테이션을 위해 준비해야 하는 것은 먼저 편하게 발음할 수 있는 단어와 어휘 등을 가지고 스피치 원고를 만드는 것이다. 그리고 시간이 날 때마다 원고를 낭독을 통해 연습해야 한다. 낭독할 때는 프레젠테이션을 진행할 때와 동일한 느낌으로 연습해야 하고 머릿속에 전체 흐름을 그리고 있어야 한다. 그리고 촬영을 통해 프레젠테이션을 진행할 때 어떤 몸짓언어의 특징을 갖고 있고 개선이 필요한 몸짓언어는 어떤 것이 있는지 체크해야 한다. 프레젠테이션은 개인과 조직의 업무 역량을 더욱 빛나게 할 수 있는 매우 중요한 스킬이다. 열정을 갖고 도전한다면 누구나 멋진 프레젠테이션을 할 수 있다.

프레젠테이션 개요서 만들기

정보 전달과 설득의 중요성 때문에 프레젠테이션의 중요성은 아무리 강조해도 지나치지 않을 것이다. 그래서 최근에는 전문가 평가를 받기 위해서 프레젠테이션 능력을 겸비한 '프레젠더십'(presendership)이 필요하다고 말하기도 한다. 이렇게 프레젠테이션 역량은 개인의 직무 성취와 관련해서도 중요한 덕목이 되고 있다.

그럼 프레젠테이션을 잘하기 위해서는 어떤 노력이 필요할까? 먼저 프레젠테이션의 목적을 분명히 인지해야 한다. 정보 전달, 설득, 동기 부여를 위한 것인지 아니면 어떤 행사를 위해 엔터테인먼트 형태로 진행하는 프레젠테이션인지 분명히 이해하고 목적에 맞는 프레젠테이션을 준비해야 하는데, 이때 개요서를 작성하면 효과적인 준비가 될 수 있다.

프레젠테이션 개요서를 작성하면 목적에 맞는 준비가 될 수 있고, 무엇보다 내용 구성에 필요한 자료들을 효과적이고 집중력 있게 준비할 수 있게 된다. 프레젠테이션은 일반적인 스피치와 조금 다르다. 예를 들어, 스피치가 라디오라면 프레젠테이션은 TV와 같은 모습으로 생각하면 된다. 그래서 시각적인 요인을 위해 사진, 이미지, 동영상 등의 자료를 활용하는 것이 필요하다.

프레젠테이션 개요서에는 먼저 발표 주제를 적고 '청중은 이번 프레젠테이션을 통해 어떤 정보를 원할까? 프레젠테이션이 청중에게 어떤 의미가 있을까?'에 대한 고민이 있어야 하며, 항상 프레젠테이션의 목적을 잊어서는 안 된다. 개요서에는 '도입, 서론-본론-결론, 마무리' 순서대로 발표할 내용을 구분해 메모하고 필요한 자료가 무엇인지를 생각해야 한다.

개요서에는 먼저 주의를 집중시키고 관심을 불러일으킬 수 있는 적절한 도입이 있어야 한다. 그리고 '청중의 관심과 집중을 위해 어떤 자료를 활용할까?'에 대한 고민을 해야 한다. 이때 시사적인 사건에 대한 이미지나 사진, 짧은 동영상도 좋고 통계자료나 언론 보도 내용도 좋을 수 있다. 서론 부분에서는 주제에 대한 프레젠테이션을 하는 목적이나 필요성을 어필하고 본론에서 이야기할 내용에 대해 키워드로 먼저 정리해 주는 것이 필요하다.

'주제에 대해 프레젠테이션을 하는 이유는 무엇인가? 그리고 무엇을 전달해야 하는가?'에 대한 고민을 하고 '어떻게 발표 자료를 만들 것인가?'에 대해 생각해야 한다.

본론에서는 앞에서 노출한 발표 내용의 키워드를 바탕으로 '어떻게 진행하는 것이 효과적일까?'에 대한 고민이 필요하고, 사실을 주장함에 있어 필요한 보장 근거가 되는 자료를 수집하고 시각적인 효과를 얻기 위한 이미지나 사진 등을 활용할지에 대한 생각과 고민이 필요하다.

결론 부분에서는 앞선 내용을 정리하는 의미로 키워드로 압축해서 반복하고 강조하는 내용이 필요하고, 마무리에서 전달하고자 하는 메시지를 오랫동안 기억시키기 위한 고민이 필요하다. 이때는 명언이나 스토리텔링이 효과적일 수 있다. '어떤 방법을 통해 메시지를 각인시킬까?'에 대한 고민을 해야 하고 활용할 자료나 이야기를 찾아야 한다.

프레젠테이션을 앞두고 구체적인 계획 없이 컴퓨터에 앉아 파워포인트로 발표 자료를 만들기보다 목적에 집중하고 청중을 분석하면서 '어떻게 하면 보다 효과적으로 프레젠테이션을 진행할 수 있을까?'에 대한 고민을 하고 개요서를 작성해야 한다. 개요서를 통해 시각적인 효과를 위한 자료를 준비하고 목적에 따라 내용을 구성하는 것이 성공적인 프레젠테이션을 위한 첫걸음이 될 수 있다.

시나리오 준비와 유의할 점

강의를 할 때면 사회자가 강사의 약력을 소개하는 시간이 있다. 이때 꼭 소개해야 할 내용을 간단하게 메모를 해놓는 분도 있고 말하는 전체 내용을 메모해 놓는 분이 있다.

예를 들어, '『더 즐거운 변화』 저자', '김기태의 공감스피치아카데미 원장', '2,000회 특강' 처럼 특징만 메모를 해놓는 분이 있는가 하면 말할 내용을 모두 적어놓는 경우도 있다.

"오늘 우리에게 '더 즐거운 변화'라는 주제로 강의를 해주실 김기태 원장님을 모시겠습니다. 김기태 원장님은 현재 김기태의 공감스피치 아카데미 원장으로 재직하고 계시고 충북도립대학에 출강하고 계십니다. 오늘 좋은 말씀 부탁드리는 의미로 큰 박수로 김기태 원장님을 모시겠습니다."

어떤 방식이 좋다고 할 수는 없지만 발표 불안이 심하다면 전체 내용을 말하듯 적는 시나리오 방식으로 준비해도 좋을 것이다. 시나리오 방식으로 준비한 스피치를 진행할 때 유의해야 할 점은 시나리오를 단순 낭독하는 모습은 피해야 한다는 것이다. 스타강사 김미경 씨는 이런 스피치를 '지자체 스피치'라고 말한다. 모두가 그렇지는 않지만 자치단체 단체장의 스피치를 보면 단상에 서서 인사를 하고 상의 안쪽 주머니에서 준비된 원고를 꺼내 읽는 수준의 스피치를 하는 모습이 많아 그렇게 표현하는 것이다. 청중을 보지 않고 단순히 낭독하는 스피치는 목적을 이루기 어렵기 때문에 이런 모습은 피해야 한다.

그동안 개인적으로 시나리오 방식으로 강의나 스피치를 준비해 본 적은 없었지만 첫 강의를 준비하는 초보 강사와 발표를 준비하는 수강생들에게 이런 모습은 어렵지 않게 볼 수 있다. 그럴 때마다 "원고대로 말하지 못할 것이 분명한데 왜 그렇게 적는 것에 집중합니까?"라고 묻는다. 대부분 원고가 잘 써져야 발표도 잘할 수 있다는 생각을 가지고 있었고 쉽게 바뀌지 않는 모습이다.

발표 불안이 심해 부담되고, 10분 이내의 프레젠테이션이라면 시나리오 방식으로 준비해도 좋다. 분명한 것은 시나리오 작성으로 끝나서는 안 된다는 것이다. 준비된 원고를 낭독하는 스피치를 벗어나 청중을 바라보며 원활한 스피치를 위해 가끔 살펴보는 정도여야 한다. 그러기 위해서는 준비한 시나리오를 수없이 실전처럼 연습해야 할 것이다. 실전의 자세로 음성의 변화도 가져보고, 몸동작을 활용하기도 하고, 시선 처리도 해봐야 한다. 앞에서 수없이 강조했듯이 지나치게 긴장을 하면 준비된 원고는 머릿속에서 모두 사라질 수 있지만 입은 움직이기 때문이다.

【실전 프레젠테이션】

- **오프닝 멘트**

  인사드리겠습니다. 안녕하십니까? ○○○입니다.

  오늘 세미나에 참석해 주셔서 감사합니다.

  오늘 발표 주제는 ○○○입니다.

  ○○에서 ○○년 동안의 경험을 바탕으로 지금부터 ○○○주제와 관련하여 말씀
  드리겠습니다.

  오늘 발표의 목적은 ○○○ 하는 것입니다.

  그래서 참석하신 여러분들의 결정에 도움이 되는 정보를 드리겠습니다.

  이 주제에 대해서 세 가지로 나누어 설명할 수 있습니다.

  발표 시간은 총 10분입니다.

  질문이 있으신 분께서는 메모를 해두셨다가 나중에 질문 시간을 드릴 때 질문해
  주시기 바랍니다.

  그럼 지금부터 발표를 시작하겠습니다.

- **마무리 멘트**

  더 이상 질문이 없으시면 발표를 마치겠습니다.

  우리에게는 선택의 시간이 왔음을 기억해 주십시오.

  우리가 ○○를 선택한다면 우리는 새로운 변화를 맞이하게 됩니다.

  '실패는 과거에 낭비했던 시간의 보복'이라는 말이 있습니다.

  미래의 성공을 위해 지금 우리에게는 변화가 필요합니다.

  마치겠습니다. 감사합니다.

- **마무리 주의 사항**

  - 존재하지 않은 결론으로 마무리를 하지 마라.
  - 청중이 모르는 사이에 결론을 제시하지 마라.
  - 결론을 제시하지 못한 채 '그래서, 그리고' 등을 반복하지 마라.
  - 청중으로부터 '이게 다야?'라는 반응이 나오지 않도록 한다.
  - 청중이 끝났다고 생각할 때 마쳐야 한다. 추가하지 말아야 한다.

프레젠테이션 기본자세

- 기본자세: 청중과 스크린을 번갈아 보기 편한 자세
- 서 있는 자세: 11자 형으로 양발의 넓이는 어깨 폭보다 약간 좁게
- 차렷 자세: 손은 약하게 주먹을 쥐고 바지 재봉선에 위치
  강연대를 잡을 경우 두 손을 살며시 강연대 위에 위치
- 손 모양: 제스처를 사용하지 않는 동안 깍지를 느슨히 끼거나,
  한 손이 다른 손을 감싸 쥐는 방법

프레젠테이션 체크 포인트

- 내용의 흐름은 논리적이고 설득적인가?
- 시간은 정확히 지켰는가?
- 목소리 표현(힘, 전달력)은 좋은가?
- 시선 처리, 제스처의 활용은 적절한가?
- 자세는 자신감이 있어 보이는가?
- 슬라이드 화면과 말의 흐름이 어색하지 않은가?
- 슬라이드 화면은 보기 쉬운가?
- 하나의 화면에 하나의 메시지를 표현하는가? (원 페이지 원 메시지!)

프레겐테이션 스피치 스킬

대학에서 조별로 주제에 대한 정보 제공을 목적으로 프레젠테이션을 진행했었다. 미리 개요서를 받았기 때문에 학생들의 발표 내용을 대략적으로 알고 있었지만, 파워포인트로 제작된 자료를 보고 학생들의 뛰어난 디자인 감각에 깜짝 놀랐다. 저마다 주제에 맞는 색상과 이미지를 통해서 내용을 효과적으로 전달하기 위해 많은 노력을 했음을 느낄 수 있었다.

하지만 발표 순서를 정하고 프레젠테이션을 진행하면서 디자인에서 느꼈던 기분은 점차 사라지기 시작했다. 무엇보다 청중을 바라보지 못하는 발표자의 시선과 음의 변화가 없었던 음성, 흔들흔들 청각을 방해하는 영혼 없는 제스처, 심지어 발표 자료를 읽는 것으로 진행된 프레젠테이션 등등. 대체로 실망스러웠다. 조별 프레젠테이션이 끝나고 무엇보다 음성과 제스처를 개선하는 시간을 가졌다. 프레젠테이션의 음성적 요인을 개선하기 위해서는 원고를 구어체로 작성해서 실전처럼 낭독해 보면 효과적이다. 이때 첫 음을 큰 소리로 내고 말의 속도는 좀 더 빠르게 해야 한다. 그리고 글을 쓸 때 띄어쓰기가 있는 것처럼 빠른 속도로 말을 하면서도 중간에 쉼을 갖고 띄어 말하기를 할 수 있어야 한다.

예를 들어, "혹시 힘든 대학 생활로 힘들어하십니까? 그렇다면 주목해 주시기 바랍니다."

'혹' 자에 힘을 주어 말하며 빠르게 '하십니까?'까지 진행하고 쉼을 갖고 청중을 천천히 바라보고 다시 '그렇다면'을 말하고 쉬어 주고 '주목해 주시기 바랍니다.'를 빠르게 말하면 된다. 음성적인 요인이 글로 설명하기 어려운 부분이 있지만, 항상 강의할 때 음성적 요인을 강조하면서 이렇게 말한다.

"첫 음은 힘 있게 시작하고 말의 스피치는 전체적으로 빠르게 그리고 쉴 때 쉬고, 말끝의 어조를 내리며 말하면 된다!"

제스처는 딱히 정해진 법칙이 없다. 가수들이 노래할 때 같은 노래를 불러도 제스처는 가수마다 다르다. 분명한 것은 메시지를 방해하는 불필요한 제스처는 삼가야 한다는 것이다. 어색하거나 불필요한 모습은 지양하고, 자연스럽고 자신감 있게 표현해야 한다.

마지막으로 청중을 바라보지 못하고 준비된 원고를 읽는 프레젠테이션은 좋은 평가를 받을 수 없다. 만약 원고를 사용한다면 방송에서 아나운서가 들고 진행하는 엽서 크기의 두꺼운 종이를 사용해서 한쪽 면만 사용하고 발표 내용 중 중요한 단어, 사람의 이름, 통계 수치 등 명확하게 말해야 하는 내용들을 큰 글씨로 적어 상황에 따라 보고 진행할 수 있는 정도여야 한다.

반드시 내용을 이해하고 표현하자

"한 번도 프레젠테이션을 해본 적이 없어서 걱정입니다."

회사에서 중요한 프레젠테이션을 앞두고 있던 분이 찾아와 도움을 청했다. 어떤 부분에 대한 도움이 필요한지를 알아보기 위해 회사에서 발표할 내용에 대해 프레젠테이션을 진행시켜 봤다. 긴장돼서 제대로 말도 못할 것 같았지만 예상보다 훨씬 잘했다. 그리고 무엇보다 처음 접하는 내용임에도 '정말 필요한 시스템이구나!'라는 생각이 들었고 쉽게 이해할 수 있었다.

수정이 필요했던 도입과 전개, 그리고 마무리 부분에서 발표 자료를 수정하고 다시 프레젠테이션을 진행시켰다. 하지만 내용을 제대로 풀어내지도 못하고 처음과는 전혀 다른 사람처럼 프레젠테이션을 하고 있었다. 왜 그럴까? 방금 전에 진행했던 자료는 아카데미에 찾아오기 전에 나름 발표 원고를 작성해서 수없이 외우고 연습해서 왔던 것이었다. 하지만 순서와 내용의 일부를 수정하고 나서는 연습한 것이 크게 효과를 발휘하지 못하는 것이다. 약간의 변수에도 긴장하고 분명히 알고 있는 내용임에도 잘 풀어내지 못한 것이다. 스피치나 프레젠테이션은 결코 외우고 진행해서는 안 된다.

프레젠테이션에서는 자료 화면마다 반드시 전달하고자 하는 메시지만 분명하게 이야기하면 된다. 그리고 다음 자료가 머릿속에 그림처럼 연상되어야 한다. 그래서 이번에는 자료마다 반드시 전달하고 싶은 주요 메시지는 무엇인가에 집중하면서 이야기하듯이 풀어보라고 요구했다. 화면마다 분명히 전달할 메시지를 갖고 있었다. 바로 이 부분만 분명히 전달하면 되는 것이다.

중간에 표현하는 어휘나 단어가 달라질 수 있지만 전달하고 싶은 메시지만 분명히 표현하면 된다. 결코 외운 대로 말하려고 애쓰지 마라. 발표 원고를 작성할 때는 좀 더 멋지고 근사한 표현을 위해 평소 잘 쓰지 않던 단어나 어휘를 선택하기 쉽고, 긴장된 상황에서는 평소 사용하지 않던 어휘나 단어를 자연스럽게 말하지 못하는 것이다. 처음 들었던 내용임에도 분명히 이해할 수 있었기에 바로 몇 차례 시범을 보여주었다. 녹음을 하며 듣고 있던 수강생이 내게 이런 말을 한다.

"어떻게 처음 듣는 내용을 그렇게 잘 말씀하세요? 그리고 매번 똑같지는 않지만 같은 메시지를 분명히 전달하시네요!"

며칠 뒤 최종 연습을 위해 다시 찾아왔다. 잘하려는 열정만큼 많이 준비한 흔적이 역력했다. 전달하고자 하는 메시지를 빠르고 큰 음성으로 잘 전달하는 모습이었다. 하지만 프레젠테이션 도입 부분의 열정적인 모습이 사라지고 뒤로 갈수록 밋밋하고 집중력이 떨어지는 모습도 있었다. 그래서 중간 이후 부분을 좀 더 집중적으로 연습했고 특히 설득의 메시지를 전달해야 하기에 감성을 자극할 수 있는 인상 깊은 마무리를 위해 집중적인 훈련을 했다. 원고는 더 이상 필요가 없었다. 발표 자료만 봐도 무엇을 말해야 하는지 이제는 알기 때문이다. 잘 알지 못하는 내용을 표현하기는 어렵다. 하지만 분명히 알고 있는 내용은 어떤 장소, 어떤 대상에게도 설명할 수 있다. 스피치, 외우지 말고 반드시 내용을 이해하고 표현하자.

토론 면접 준비

최근 많은 기업과 조직에서는 인재를 채용하기 위해 다양한 방식을 추구한다. 과거에는 시험 성적과 스펙이 평가의 중요한 수단이었지만 실무에서 창의적 아이디어, 문제 해결 능력 등을 판단하기에는 역부족이다. 그래서 최근에는 면접의 방식이 다양해지고 있고 토론 면접도 증가하고 있다. 토론 면접의 주제는 흔히 찬반 토론을 비롯한 시사적인 주제와 창의적 아이디어를 요구하는 다양한 주제가 나오고 있다. 앞으로 토론 면접의 형태는 인재를 채용하고 선발하는 데 있어 더욱 많이 활용될 것이다. 그러면 토론 면접에서 우리가 생각해야 하는 것은 무엇인가 생각해 보자.

토론 면접에서 주의해야 할 사항과 준비해야 하는 내용에 대해 이야기해 보자.

토론 면접의 진행은 보통 한 가지 주제를 가지고 찬성과 반대의 입장을 가지고 있는 두 개의 팀을 구성하고 진행된다. 그리고 주제에 대한 자료를 주고 검토할 약간의 시간이 주어진다. 정해진 시간이 지나면 한 사람씩 자신의 의견을 설명하고 설득하면서 합의점과 해결 방안을 만들어 내야 하는 것이다.

이때 주의해야 할 사항이 있다. 토론에서는 자신의 주장에 반대하는 상대를 무시하는 모습은 피해야 한다. 그리고 자신의 주장만을 고집하는 모습도 지양해야 하고 무엇보다 상대방의 이야기에 적극적으로 경청을 해야 한다. 그리고 중간중간 상대의 의견을 메모하는 모습이 필요하다. 결코 자신과 반대되는 의견에 흥분해서 감정을 드러내는 모습은 피해야 한다.

토론에서 효과적인 스피치를 위해 준비해야 할 내용은 무엇이 있을까?

먼저, 모두발언에서 무엇보다 자신의 생각을 분명하고 간결하게 전달해야 한다. 장황한 설명은 피하고 결론부터 말하는 모습이 필요하다. 또한 찬성과 반대의 의견을 분명히 하고 타협의 여지가 있음을 보여주는 모습이 필요하다. 무엇보다 모두발언에서는 마지막에 자신의 의견에 대해 키워드로 압축해서 반복하고 찬성과 반대의 의견을 다시 한 번 분명히 정리해야 한다. 정해진 토론시간에서 처음의 모두발언은 평가의 중요한 부분이 될 수 있다.

한 가지 생각해야 하는 것은 모두발언은 적극적으로 먼저 참여하되 같은 의견을 갖고 있는 사람이 있을 수 있기 때문에 찬성과 반대의 이유에 대한 콘텐츠를 4~5가지 정도로 준비하고 모두발언을 할 때는 두 가지 정도의 이유를 설명해 주는 것이 필요하다. 동일한 콘텐츠를 옆 사람이 먼저 발언하면 자신은 정작 동조하는 입장만 보이고 적극적 토론의 모습을 보일 수 없기 때문이다.

두 번째, 토론에서는 자신과 반대되는 의견에 적극적으로 경청하는 모습이 무엇보다 필요하다. 토론에서는 자신의 의견을 말하는 것도 중요하지만 상대의 의견을 잘 듣는 것이 평가의 중요한 항목이 된다. 그리고 상대의 의견에 동의하는 부분에 있어서는 메모를 통해 정확히 어떤 부분에 동의하는지 짚어 주어야 한다.

예를 들면 "○○○ 님의 의견에 ○○ 부분은 저도 동의합니다. 하지만 그 뒤에 말씀하신 ○○ 내용에 대해서는 동의할 수 없습니다. 이유는…" 토론에서 반대 의견을 제시할 때는 보도자료, 데이터, 통계자료 등의 자료를 통해 자신의 의견에 보장 근거가 될 수 있는 공신력 있는 자료를 통해 이성적으로 설명해야 한다.

마지막으로 토론의 핵심은 자신의 의견, 생각, 정보 등을 통해 상대를 설명하고 설득하면서 결국은 문제 해결을 위한 합의점을 찾아내는 것이다. 그래서 정해진 토론 시간이 끝나기 몇 분 전에는 반드시 문제를 해결할 수 있는 합의점을 찾는 노력이 필요하다.

"지금 우리는 ○○ 문제와 관련하여 여러 가지 의견을 제시하였습니다. 의견들을 보면 이런 내용들이 있었습니다. 이제는 우리가 ○○ 문제와 관련하여 합의점을 찾아야 할 것 같습니다."라는 발언을 통해 문제의 해결책을 찾는 노력을 하는 것이 중요하다. 그리고 바로 해결책을 제시하기보다는 유예기간, 시범 기간을 통해 돌발변수와 보완점을 찾는 노력을 제시하는 것도 좋은 자세가 될 수 있다.

주제: '워크숍에 어떤 강사를 섭외할까요?'

네 명의 각기 다른 주제의 강사들 중 선택하라는 내용의 토론이다. 이와 같은 토론 면접을 어떻게 준비하면 좋을까?

먼저 토론의 본질을 생각해야 한다. 토론은 다양한 의견을 수렴해 합리적인 의사 결정을 하기 위함이다. 무엇보다 성공적인 워크숍을 위해 '어떤 강사가 가장 효과적일까?'라는 토론의 본질에 집중해야 한다. 경쟁자를 이기는 것이 목적이 아니라는 것이다. 토론 면접을 준비하는 대부분의 사람들은 자신의 논리로 상대를 이겨야 한다는 강박관념을 가지고 있는 것 같다. 그래서 이기기 위해 상대의 의견에 무조건 반대하기도 한다.

하지만 이런 마음가짐으로 토론에 참여한다면 좋은 결과를 가질 수 없다. 자신의 주장을 강하게 관철시키려는 모습보다 상대의 의견을 잘 경청하고 구체적인 근거를 통해 반박하거나 좋은 내용에 대해서는 수용하는 태도를 통해 합리적인 의사 결정을 할 수 있는 모습과 토론에 적극적으로 참여하는 모습이 중요하다.

두 번째, 창의적인 아이디어를 통해 새로운 시각으로 접근할 수 있어야 한다. '왜 꼭 미리 준비한 네 명의 강사이어야 할까? 다른 좋은 강의는 없을까?'에 대한 고민을 통해 워크숍의 목적에 부합하면서 직원들의 만족도와 집중력을 높일 수 있는 다른 강의를 제안하는 것도 좋다. 이런 모습은 아이디어 제공에 대한 좋은 평가를 받을 수 있고 다른 참가자들의 참여를 높일 수 있는 방법도 될 수 있다.

토론에서는 상대를 배려하는 모습이 있어야 한다. 토론 면접의 경우 반드시 제한 시간이 존재한다. 예를 들어 한 사람이 지나치게 긴 발언으로 자신의 의견을 표현한다면 상대적으로 다른 참가자는 자신의 의견을 피력할 시간이 줄어들게 된다. 이때 사회자의 역할도 중요하지만 토론이 진행되는 동안 경청의 자세, 표현 등에서 상대를 배려하는 모습은 매우 중요하다.

마지막으로 토론은 결론이 있어야 한다. 아이디어만 꺼내 놓고 결론을 내리지 못하면 의미 없는 시간이 될 수 있다. 공통되는 의견이 있다면 쉽게 결론을 내릴 수 있지만 그렇지 않을 경우에는 토론에 참석한 사람들이 어떻게든 제한된 시간 안에 결론을 내려 워크숍에 초청할 강사를 섭외해야 한다. 토론 면접에서는 결론에 결정적으로 영향을 끼치는 사람이 좋은 평가를 받게 된다.

【토론 면접 핵심 포인트】

1. 경쟁이 아닌 토론의 본질을 생각한다.
2. 창의적인 아이디어를 구상한다.
3. 배려의 미덕을 보여라.
4. 결론은 반드시 도출한다.
5. 적극적으로 참여한다.

토론은 인재를 채용하는 방식으로 최근 많이 사용된다. 그리고 조직에서 합리적인 의사 결정을 위해 가장 많이 선택하는 방식이다. 토론 면접에서는 좋은 평가를 받기 위해 상대를 이기려고만 하는 자세보다 토론의 본질을 생각하면서 상대를 배려하고 아이디어도 제시하면서 적극적으로 참여하는 모습이 무엇보다 필요하다.

회의에서의 스피치

회의는 공통의 목표 달성을 위하여 일정한 원칙과 규칙에 따라, 의견을 통합하고 결론에 도달하는 가장 효과적이고 바람직한 수단이다. 그래서 회의는 조직의 합리적인 의사 결정을 위해 반드시 거쳐야 하는 과정이고 매우 중요하다. 하지만 회의를 진행하다 보면 모든 구성원이 회의 안건에 대해 자신의 생각, 정보, 지식 등을 적극적으로 표현하지 않는다. 졸고 있거나 딴전을 피우기도 하고 주제나 안건과 상관없이 자기 과시를 하거나 회의 자체에 늦게 도착해서 잡담만 늘어놓는 모습도 볼 수 있다. 그리고 회의의 본질과 다르게 갈등이 생기는 경우도 있다. 이럴 때 진행자나 리더의 역할이 매우 중요하다.

회의 상황에서 일어날 수 있는 사례를 통해 리더나 진행자의 효과적인 스피치를 살펴보자!

먼저 주제와 상관없는 의견을 말하는 참여자에게는 "말씀하신 내용이 참 재미있습니다. 하지만 이번 회의 안건과 무슨 관계가 있는지 좀 더 자세하게 설명해 주실 수 있겠습니까?"라고 묻는다면 회의의 본질을 벗어나지 않게 될 것이다.

또 자신이 회의의 주제나 안건의 전문가라는 생각으로 회의를 지배하려는 사람에게는 "○○○ 씨께서 이 분야에 전문가라는 사실은 모두가 알고 있습니다. 하지만 오늘은 새로운 아이디어를 찾고 다양한 관점에서 의견을 수렴하는 자리입니다. 혹시 새로운 아이디어를 가지고 계신 분 있으신가요?" 하고 말하면 회의를 지배하려는 사람에게 벗어날 수 있게 된다.

추상적인 아이디어를 제공하는 사람에게는 "말씀하신 내용을 실행하기 위한 구체적인 실천 방안에는 무엇이 있을까요?"라는 질문을 통해 구체적인 방향에 대한 답변을 추가로 들을 수 있게 된다.

회의에서는 참가자의 많은 의견을 이끌어 낼 수 있는 모습이 필요하다. 진행자나 리더는 회의에 소극적이고 발언을 하지 못하는 참가자에게 "좀 전에 제시하신 의견에 ○○ 씨는 어떻게 생각하십니까?"라고 물어보면 참여를 유도하기 수월해진다. 반대로 지나치게 길게 발언하는 사람을 제지하기 위해서는 회의 시작 전에 공개적으로 발언 시간을 제한하는 등의 룰을 정해 놓는 것도 효과적인 방법이 될 수 있다.

회의를 마칠 때는 안건에 대한 정리가 반드시 필요하다.

"오늘 토의된 안건 ○○○에 대해서 토의하였습니다. 토의된 내용은 다음과 같습니다."

그리고 당부할 내용과 마지막으로 궁금한 점에 대한 질문을 통해 회의를 마치는 모습이 필요하다.

"오늘 회의에서 결정된 것은 ○○이고, 이것은 언제까지 추진하기로 하였습니다. 일정 내에 지켜질 수 있도록 부탁드리며, 진행 과정 중 의문 사항은 언제든 말씀해주십시오."

이때 잠깐 기다린 후 마무리를 하면 된다.

"없으면 이것으로 오늘 회의를 마치도록 하겠습니다."

'회의를 잘하는 사람은 어떤 사람일까?'라는 질문에 많은 사람들은 "말을 잘하는 사람이요."라고 대답한다. 여기서 '말을 잘한다!'는 무슨 의미일까? 대부분 논리적으로 자신의 생각을 이야기하는 사람으로만 생각한다. 하지만 말을 잘하는 모습에는 단순히 언어를 표현하는 능력에 국한되지 않는다. 무엇보다 경청하는 자세가 필요하다. 말하는 사람에게 시선을 주고 때론 메모도 하고 고개를 끄덕이면서 이야기를 잘 들어주는 사람 그리고 잘 듣고 추가적인 질문을 하거나 논리적인 보장 근거를 가지고 설명하는 사람이 회의에서 말을 잘하는 사람이다.

회의 진행 스킬

회의는 조직이 갖고 있는 문제에 대해 구성원의 관심을 이끌어 낼 수 있고 서로의 의견, 정보, 지식을 공유할 수 있는 좋은 방법이다.

회의의 장점

1. 다수의 지혜, 정보, 지식을 통해 보다 합리적인 결정을 할 수 있다.
2. 문제에 대한 이해도를 높일 수 있다.
3. 경청, 협력을 통해 관계를 개선하고 조직을 강화할 수 있다.
4. 구성원의 논리적인 의사 표현 능력을 향상시킨다.
5. 참여를 통해 책임감을 키운다.

그리고 회의를 시작하기 전에는 반드시 준비하고 생각해야 하는 것이 있다.

【회의 준비】

1. 회의의 목적 2. 회의 시간 3. 구성원 간 갈등 대비

먼저 회의에 대한 목적이다. 무엇 때문에 회의를 하고 있고 회의를 통해 얻고자 하는 결과는 무엇인지를 생각해야 한다. 그래야만 정해진 시간 안에 효과적으로 회의를 진행할 수 있다.

두 번째, 회의 시간이다. 언제 회의를 진행해야 하고 회의 시간은 어느 정도 소요될 것인가를 생각해야 한다. 보다 많은 구성원이 참석할 수 있는 시간을 확인해야 하고 안건에 대한 사전 공지를 통해 의견이나 생각을 정리할 수 있도록 해야 한다.

세 번째, 구성원 간의 갈등이 있을 경우를 대비해야 한다. 회의 도중 구성원 간에 갈등이 생기면 원활한 회의 진행이 될 수 없으며 회의의 목적도 달성할 수 없다. 회의를 진행하는 리더는 미리 갈등이 예상되는 구성원과 사전 의견을 조율하는 것도 효과적인 회의 준비가 될 수 있다.

그 밖에 회의 주제와 다르게 거론될 만한 사안에 대해서도 준비가 필요하다.

회의를 진행하기 전 생각해야 하는 것처럼 구성원의 참여와 무엇보다 회의를 진행하는 리더의 역할이 회의의 성패를 좌우할 수 있다. 그래서 회의를 진행하는 리더는 회의 진행 시 역할을 미리 정해 놓는 것이 필요하다.

1. 진행자: 객관적으로 원활한 회의를 진행한다.
2. 서기: 회의 내용과 의견 등을 기록한다.
3. 시간 관리자: 회의 시간, 의견 발표 시간을 제한한다.

회의의 성패는 리더, 진행자가 좌우한다

"훌륭한 리더는 모두의 잠재력을 끌어내는 회의 진행 능력이 있다. 모두가 참여했다고 느낄 수 있는 장을 만들어야 한다. 무능한 리더는 두 가지 모습이다. 회의를 하지 않거나 회의를 하더라도 회의 운영 방법을 모른다."

회의에서 리더는 여러 유형의 구성원의 태도를 이해하고, 회의에 참여할 수 있도록 많은 관심과 노력을 기울여야 한다. 그래서 회의에서는 리더나 진행자의 역할이 무엇보다 중요하다.

【회의 진행자(리더)의 역할】

- 회의 참가자 전원이 발언할 수 있도록 기회를 부여한다.
- 자유로운 분위기 조성을 위해 노력해야 한다(유머).
- 전원이 검토할 필요가 있는 것에 초점을 맞추어 진행해야 한다.
- 회의가 주제나 목적에서 벗어나지 않도록 해야 한다.
- 한 가지 주제에 대하여 결론이 나올 때까지 다른 주제로 넘어가지 않도록 해야 한다.
- 지나치게 많은 발언을 하는 참가자를 자제시키고, 발언이 없는 참가자의 발언을 유도
- 참가자 간 논쟁에 개입해서는 안 된다.
- 진행자나 리더는 회의 참가자의 사고를 지배하려 해서는 안 된다.
- 회의 중간에 합의된 사항이나 결정된 사항을 요약하여 설명해 준다.
- 회의의 최종 결론을 설명하고 서로의 역할을 지정한다.

회의를 진행하다 보면 여러 유형의 참가자를 확인할 수 있다. 무관

심하고 침묵하는 참가자가 있을 때 진행자나 리더는 모든 참가자가 회의에 참여할 수 있도록 발언 기회를 주어야 한다.

"지금 안건에 대해 한 사람씩 의견을 말씀해 주시기 바랍니다."
"○○○ 씨는 어떤 생각을 가지고 있습니까?"
"이번에는 지금까지 발언하지 않은 분들에게 발언 기회를 드리겠습니다."

또 지나치게 자기 과시를 하거나 회의 주제를 벗어난 발언을 하는 경우도 있다. 이럴 때는 리더나 진행자가 원활한 회의 진행을 위해 노력해야 한다.

"지금 말씀하신 내용과 이번 회의 주제와는 어떤 관련이 있습니까?"
"참 좋은 말씀 해주셨습니다. 다른 분들의 의견도 들어 볼까요?"
"○○○ 씨가 경험이 많다는 것을 알고 있습니다. 하지만 이번 회의는 새로운 아이디어를 찾기 위해 다양한 측면에서 생각해 보기 위한 자리입니다. 혹시 다른 의견 말씀하실 분, 계신가요?"
"잠시만요. ○○○ 씨 말씀이 끝나고 이야기해 주시겠습니까?"

회의를 진행하다 보면 편을 가르거나 이야기가 다 끝나기도 전에 반박하면서 갈등을 야기하는 상황이 생기기도 한다. 또 과거의 행동을 통해 인신공격을 하는 상황도 발생된다. 지나치게 갈등이 심화되면 더 이상 회의를 진행하기 어려울 수도 있다. 진행자나 리더는 회의에서 갈등은 자연스러운 상황으로 인식하고 주도적으로 회의에 참여하는 모습에 대해 감사 표시를 하고 지나치게 감정이 격양되었을 때는 회의를 잠시 쉬는 것도 좋다.

회의에서 갈등은 자연스러운 모습으로 인지하고 결코 갈등의 감정을 밖으로 가져가서는 절대 안 된다. 회의에서의 갈등이 간혹 큰 감정 싸움으로 번지는 경우도 있기 때문이다.

【회의를 마쳐야 할 때】

- 회의의 목적이 달성되었을 때
- 추가적인 논의(전문가, 시간…)가 필요할 때
- 상황 변화로 결정 사항에 변경이 필요할 때
- 지나치게 갈등이 심화될 때

좋은 스피치를 위한 노력

1. 머릿속에 그림을 그려라! (내용, 흐름 이해)
2. 핵심을 강조하라! '키워드' & '노설반'
3. 생생하게 표현하라! (비교/비유, 사례, 사건, 뉴스 등)
4. 동기, 성취에 대한 자극을 줘라! (감성&음성 변화)
5. 아이디어에 대한 창의성을 발휘하라!

긍정적 생각으로 원하는 것들을 외쳐라

경제적 어려움으로 인해 "요즘 너무 힘들어요!"라는 말하는 분들을 자주 보게 된다. "불황이라서 그렇다." 라고 말하는 사람도 있지만 불황에도 분명 일이 잘되는 사람이 있다. 이런 분들은 대체로 자신감이 있고 표정이 밝고 긍정적이다.

'왜 나만 이렇게 어렵고, 나에게만 이런 시련이 올까?'

움츠린 어깨를 활짝 펴고 이렇게 말해 보자!

'다 내가 감당할 만하니까, 이런 어려움도 오는 거다!'

'다 이겨낼 만하니까 오는 거다!'

'나는 할 수 있다! 나는 성공한다!'

많은 분들은 이렇게 긍정의 말을 하는 것이 좋다는 것을 잘 알지만 쉽게 실천하지는 못한다. 그 이유는 '나는 할 수 있다.'라는 말을 하면서 머릿속으로는 다른 생각을 하기 때문이다. '내가 뭘 할 수 있을까? 어떻게 성공할 수 있을까?'라는 의구심을 갖는 것이다.

생각을 바꿔라! '내가 뭘 할 수 있을까?'라는 생각을 하지 말고, '내가 왜 할 수밖에 없을까?'만 생각하자! '지금 앞도 깜깜한데 내가 어떻게 성공할까?'가 아니라, '내가 왜 성공할 수밖에 없을까?' 이런 생각만 해 보자! 성공에 대한 열정과 자신감이 생길 것이다.

원하고 갈망하는 것들을 긍정의 메시지와 함께 자주 소리 내서 내뱉는 습관을 가져야 한다. 그 말이 언젠가 당신에게 현실이 될 수 있다. '할 수 있다. 성공한다.'라는 말을 하는 데 주저하지 말고 지금부터 이런 긍정의 메시지를 자꾸 입 밖으로 내뱉는 습관을 갖자.

어느 심리학자는 우리가 하루에 5~6만 가지 생각을 한다고 한다. 그런데 문제는 그 생각 중에서 85%는 부정적인 생각이며, 단 15%만이 긍정적인 생각이라는 점이다. 결국 우리는 끊임없이 부정적인 생각과 싸우면서 하루하루를 살아가고 있는 것이다. 사건과 사물을 바라보는 관점을 보다 긍정적으로 해석하려는 노력이 필요하다.

최선을 다하고 결과를 즐기자!

최고에 연연하지 않고 항상 자신의 위치에서 최선을 다하며 결과를 즐길 수 있는 사람이 많아졌다. 최고가 아니라서 기를 펴지 못했다면 이제는 스스로에게 이런 말을 해 보자!

"와, 이 정도면 굉장한 거야!" "다음엔 더 잘할 수 있어!"

결과가 예상과 다르더라도 최선을 다한 자신을 인정하고 보상하는 말을 한다면 분명 시간이 흐른 뒤 더 발전된 자신을 발견할 것이다. "나는 매일매일 모든 면에서 점점 더 좋아지고 있다."

【이야기】

인도에 선다 싱(1889~1929)이라는 사람이 있었다. 눈이 펑펑 내리고 아주 추운 겨울 밤 선다 싱은 친구와 함께 산을 넘어 이웃 마을을 향해 걸어가고 있었다. 한참을 걸어가는데 갑자기 길가에 쓰러져 있는 사람을 발견했다. 그냥 놔두면 얼어 죽을 것 같아서 선다 싱은 친구에게 말한다.

"친구야! 이 사람 이대로 두면 얼어 죽겠다. 우리가 마을까지 업고 내려가서 살리자!"

그러나 친구는 바로 거절해 버린다.

"선다 싱! 안타깝지만 이 추운 날에 이 사람을 살리려고 업고 가게 되면 우리 셋 모두 얼어 죽을 수도 있어."

친구는 이렇게 말하고 이웃 마을을 향해 먼저 걸어갔다.

저만치 가고 있는 친구의 뒷모습을 바라보면서 선다 싱은 고민하기 시작한다. '그냥 가버리면 이 사람 얼어 죽을 텐데, 어쩌지?' 한참을 고민하던 선다 싱이 다시 한 번 친구를 불러 보려고 친구의 뒷모습을 바라보는데 그 춥고 깜깜한 저녁에 친구의 뒷모습은 점점 더 희미해져 보이지 않기 시작했다.

순간 쓰러져 있던 사람을 살리려는 마음과 빨리 친구의 뒤를 따라가야겠다는 마음에 선다 싱은 쓰러져 있던 사람을 등에 업고 힘겹게 이웃 마을을 향해 걸어가기 시작했다.

그렇게 한참이 지나서 선다 싱이 이웃 마을에 도착해 보니 놀랍게도 먼저 갔던 친구가 얼어 죽어 있는 모습을 발견했다. 하지만 선다 싱은 죽지 않았다. 추운 날씨에도 쓰러진 사람을 업고 산에서 내려오면서 체온을 유지할 수 있었기 때문이다. 그 순간 선다 싱은 큰 깨달음을 얻었다고 한다. 그 이후에 선다 싱에게 어떤 사람이 와서 물어본다.

"살아오면서 가장 힘든 게 무엇이었습니까?"

선다 싱은 이렇게 대답한다.

"삶에 짐이 없을 때가 가장 힘들었습니다."

열정을 보이고 행복을 느껴라!

최근 강사가 되고 싶다고 찾아오는 사람들이 있다. 그들 대부분은 스피치를 잘하는 것에 안주하지 않고 자신이 가지고 있는 지식, 정보, 생각을 많은 사람들에게 전달하고 감동을 주고 싶어 한다.

2005년부터 지금까지 2,000회 이상의 강의를 진행했지만, 처음부터 강사가 되려는 마음은 없었다. 2006년 1월 청주에서 강의가 있었다. 일이 많지 않아 의욕도 떨어졌고 경제적으로도 굉장히 힘들었을 때였다. 하지만 그날 나는 희망을 봤다. 지금 생각해도 잊히지 않는 그 날의 느낌이 있다. '마지막이다.' 생각하고 200여 명 청중 앞에서 시작한 강의에서 기립박수를 받을 만큼 큰 호응을 이끌어 냈다. 그날 강의를 마치고 밖으로 나왔을 때 1월의 추운 날씨임에도 불구하고 모든 햇살이 오로지 나만 비추고 있다는 느낌을 받았다. 정말이지 너무 따뜻했었다. 그때부터 한 번의 강의가 계속해서 다른 강의를 가져다주었고 그렇게 강사가 됐다.

"강사님은 참 행복한 직업을 가지셨네요. 즐겁게 일하고 돈도 벌고…."

그동안 강의를 하면서 행복하고 보람을 느꼈던 순간은 너무 많다. 수많은 사람들의 눈이 나에게 집중될 때 그 눈빛 속에 즐거움, 행복이 느껴진다. 그들이 강의 중간중간 감탄사를 내뱉으며 변화에 대한 의지를 보일 때 보람을 느낀다. 무엇보다 개인적으로 가장 잘할 수 있는 직업을 선택했다는 자부심을 갖고 있고, 강의를 하는 것이 좋기 때문에 행복하다.

몇 해 전, 충남의 한 강당에서 어르신들을 대상으로 강의를 마치고 객석 중간 통로를 통해 밖으로 걸어 나오고 있었는데 지나가는 걸음마다 내 손을 잡고 "고맙습니다.", "감사합니다.", "강사님 덕분에 행복해요!" 하고 말씀해주시던 어르신들이 생각난다. 초심을 생각하는 마음으로 진행한 강의에서 연신 손을 잡고 고마워하고 행복해하시는 어르신들을 만나게 되어 돈으로 살 수 없는 큰 보람을 느꼈다.

스티브 도나휴의 『사막을 건너는 여섯 가지 방법』에서 사막을 건너기 위한 첫 번째 방법으로 '지도 대신 나침반을 사용하라.'고 말한다. 사막을 건너기 위해 지도보다 나침반이 필요한 이유는 사막 지형의 특수성 때문이다. 바람이 불 때마다 지형이 바뀌기 때문에 지도에 있는 길을 찾아갈 수 없는 것이다. 그래서 방향을 보고 앞으로 나아가야 하는 것이다.

스피치도 마찬가지다. 변화를 통해 좋은 스피치 역량을 갖게 된 사람이 자신의 노하우를 가르쳐주면서 "이대로만 노력하시면 당신도 좋은 스피커가 될 수 있습니다."라고 말한다. 그의 방식을 그대로 따라한다고 좋아질까? 물론 도움은 되겠지만 똑같이 좋아질 수 없을 것이다. 사람마다 음색, 성량, 습관적인 모습들이 다르기 때문이다. 처음에는 롤모델을 선정하고 따라 하는 모습이 도움이 될 수 있지만 지속적인 역량 계발을 위해서는 자신의 장점을 살리는 스피치를 하면 된다.

스티브 도나휴가 제시한 여섯 번째 방법 중 '허상의 국경에서 멈추지 말라!'는 내용이 있다. '이쯤 하면 됐다!' 하고 안주하고 더 이상의 노력을 하지 않으면 언젠가는 또다시 스피치 불안으로 고민하게 될 것이다. 스피치 상황에서 피하지 않고 지속적으로 도전하고 청중이 원하는 좋은 콘텐츠를 제공하기 위해 끊임없이 노력하는 모습이 필요하다.

이 책을 보고 있는 당신이 지속적인 도전과 노력을 통해 언제나 자신을 빛나게 하는 스피커가 되길 기원한다.